Profanazioni

Giorgio Agamben

丛书策划与资助 首都师范大学文化研究院

主编 汪民安

渎神

[意] 吉奥乔·阿甘本 著

王立秋 译

北京大学出版社
PEKING UNIVERSITY PRESS

著作权合同登记号 图字：01-2012-1149

图书在版编目（CIP）数据

渎神 /（意）吉奥乔·阿甘本（Giorgio Agamben）著；王立秋译. —北京：北京大学出版社，2017.3

（雅努斯思想文库）

ISBN 978-7-301-27795-9

Ⅰ.①渎… Ⅱ.①吉…②王… Ⅲ.①神—宗教文化—文集 Ⅳ.① B933-53

中国版本图书馆 CIP 数据核字（2016）第 285378 号

Profanazioni by Giorgio Agamben
Profanazioni © 2005 nottetempo srl
本书简体中文翻译版由 nottetempo srl 出版公司授权北京大学出版社出版发行

书　　名	渎神
	DU SHEN
著作责任者	[意]吉奥乔·阿甘本（Giorgio Agamben）著　王立秋 译
责任编辑	于海冰
标准书号	ISBN 978-7-301-27795-9
出版发行	北京大学出版社
地　　址	北京市海淀区成府路 205 号　100871
网　　址	http://www.pup.cn　新浪微博：@北京大学出版社　@阅读培文
电子邮箱	编辑部 pkupw@pup.cn　总编室 zpup@pup.cn
电　　话	邮购部 26752015　发行部 62750672　编辑部 62750883
印　刷　者	天津联城印刷有限公司
经　销　者	新华书店
	880 毫米 ×1230 毫米　32 开本　5.25 印张　67 千字
	2017 年 3 月第 1 版　2023 年 12 月第 3 次印刷
定　　价	35.00 元

未经许可，不得以任何方式复制或抄袭本书之部分或全部内容。
版权所有，侵权必究
举报电话：010-62752024　电子邮箱：fd@pup.cn
图书如有印装质量问题，请与出版部联系，电话：010-62756370

目 录

I   守护神 / *1*

II   魔法与幸福 / *23*

III 审判日 / *31*

IV   助手 / *40*

V   滑稽模仿 / *54*

VI   欲望 / *86*

VII 特别的存在 / *89*

VIII 作为姿态的作者 / *99*

IX   渎神礼赞 / *123*

X   电影史上最美丽的六分钟 / *161*

I 守护神（Genius）

> 现在，我的魔力全部被打破
> 我所有的力量，都属于自己。
>
> ——普洛斯彼洛致观众，《暴风雨》

在拉丁语中，Genius（守护神）是在诞生的瞬间成为每个人的守护者的神的名字。这个词源是很容易看出来的，并且依然可见于genio（天生之才、天赋）与

※ 本书所有页下注为译者注，其中部分注释参考了英译本。

generare（生成）之间显现出来的语言上的接近[1]。在任何情况下，守护神都与生产有关，这是明显的，之所以如此，乃是因为这样一个事实，即在拉丁语中，典型的"生产"(geniale)[2] 之物是床，婚床（genialis lectus），因为床，正是生产行为完成的地方。对守护神来说，生日是神圣的，也是出于这个原因，在意大利，我们依然使用 genetliaco（生日的）这个形容词。尽管有讨厌的，如今已不可避免的（来自）盎格鲁—撒克逊对此的抵制，我们用来庆祝生日的礼物和派对，仍然是对罗马家族在生日那天献给守护神的盛宴和祭品的纪念。（关于盛宴和祭品）贺拉斯说到醇酒，一头两个月大的小猪，一头"被宰杀作祭品"的羊羔——意思是一头为献祭而准备

---

[1] 这个接近在原文中是很明显的，在译文中值得再次强调：必须牢记守护神与天赋、生成的接近。
[2] 意大利语 genio 一词首要含义依然是守护神，它兼有天赋、天资，特性、特征和天才之意。同时与生殖，即 genitale 一词在词源上的接近也很明显。英语中的 genial 一词词源自拉丁语的 genialis（婚姻的、生产的），以及 genius。现英文中通行的语义为拉丁语义的引申，自生产而至 17 世纪中期的"温和而利于生长的"，乃至 18 世纪中期以降的"亲切的、和善的"。

的，洒上酱汁的羊羔。尽管看起来，起初（献给守护神的）只有香、酒和美味的蜂蜜蛋糕，因为守护神，那个主管出生的神，不喜欢血祭。

"它被称作我的守护神，因他生成我"（Genius meus nominator, quia me genuit）。但这还不是全部。守护神不仅仅是性的能量的拟人化。当然，每个男人都有它的革尼乌斯（Genius），每个女人也都有她的朱诺（Iuno）[1]，二者都展示了生产生命和使生命延续的那种丰饶。但正如 ingenium（自然的品性与能力）——也即，出生的人与生俱来的物理道德品性的总和——这个术语所指示的那样，守护神，在某种意义上说，也是个人的神化（divinizzaione），是统御和表达他的整个实存的原则。出于这个原因，与守护神关联的是前额而不是

---

[1] Iuno 为罗马神话中的女性、婚姻、生育和母性之神，相当于希腊神话中的赫拉。Genius 则相当于希腊神话中的代蒙（Daemon），是一种介于神与人之间的超自然存在，它无处不在，伴随人的一生。参见阿甘本：《潜能》，漓江出版社 2015 年版，第 217 页。这里朱诺和革尼乌斯都指守护神。

耻骨；把手放到前额的姿势[1]——在困惑或迷茫的时候，我们几乎是无意识地做出这个姿势，这时，我们看起来几乎已经忘了自己——召回了崇拜守护神之仪式的姿态（unde venerantes deum tangimus frontem）。[2] 而由于这个神，在某种意义上说，是最私密也真正是我们自己的，那么，他就必须得到安抚，且在生命的每个方面和每个时刻，我们都必须保持他的宠爱。

有个拉丁短语完美地表达了每个人都必须维持的，他和他自己的守护神的那种秘密的关系：indulgere genio[3]。人必须归顺守护神并放弃自我，把自己托付给他；人必须准予他所要求的一切，因为他急切的需要就是我们急切的需要，他的幸福就是我们的幸福。即便他的——我们的！——要求看起来不合理而变幻莫

---

[1] 意大利语为 gesto，根据上下文的意思分别译为姿势和姿态。
[2] 字面上的意思是：因此为敬神我们触摸我们的前额。
[3] 意为"to indulge one's genius"，即听任你的守护神，引申义为纵容你的品味，随心所欲。这个短语出自古罗马诗人佩尔西乌斯（Persius）。

测，最好也还是不加争辩地接受它们。如果为了写作，你需要——他需要！——一张特别的淡黄色纸张，一支特别的钢笔，一道从左边照过来的暗淡的光，那么，告诉自己什么钢笔都行，什么纸和什么光都够用是没用的。如果没有那件淡蓝色的亚麻衬衣（老天，不是那件有上班族色彩的白衬衫！）生活就不值得过的话，如果没有那些黑纸卷的长雪茄你就看不到任何前进的理由的话，那么，对自己重复"这些不过是一些小的癖好，现在是时候结束并摆脱它们了"就是毫无意义的。拉丁语的 Genium suum defraudare[1]，诈骗自己的守护神（这个术语），在拉丁语中，意味着使自己的生活变成灾难，意味着自欺。而转身远离死亡、并毫不迟疑地对引起生命的守护神的推动力作出回应的生活，则被称作 genialis，即生产的生活。

---

[1] 引申为控制自己的欲望，收住自己的胃口。

但这个最私密也最个人的神,也是我们身上最非个人(impersonale)的东西;它是在我们身上,步出我们,超出我们的东西的人格化(personalizzazione)。"守护神是我们的生命,这不是就它是为我们所引起而言,而毋宁说是就我们起源于它而言的。"如果它看起来与我们同一化了的话,那只是为了在之后即刻把自身显示为多过我们的东西,并向我们展示,我们多于或少于我们自己。理解隐含在守护神中的人的概念,意味着理解这点,即人不仅仅是一个自我(ego)和一个个体的意识,相反,毋宁说,从生到死,都有某种非个人的,前个体的(preindividuale)元素与之相伴。因此,人是一体两相的存在(un unico essere a due fasi[1]);他是作为一个还有待个人化、有待被生活/体验的部分,和另一个为命运和个体经验所标记的部分之间的复杂

---

[1] 即一种有两个相位(fase 同"月相"里的相,就是存在是一个,但有两个不同的状态,相貌和样子)的单个的存在。

辩证的结果的存在。但那非个人的、非个体的部分不是我们一劳永逸地留在身后、最终我们可以在记忆中追忆的那个部分；它依然在我们身上在场，依然与我们同在，接近我们并与我们密不可分，无论好坏。守护神青春的脸和长长的、扑动的羽翼[1]意味着，他不知道时间，而我们感到他像在我们还是孩童时那般切近地在我们心中抖动（着翅膀），在我们狂热的庙宇中呼吸并搏动，就像一种不可追忆的当下（un presente immemorabile）。这就是为什么生日不可能是某个过去的日子的纪念日，而像一切真正的节庆一样，必须是某种（对）时间的废止——是守护神的显现（epifania）和在场。这种不可避免的在场使我们免于把自身封闭在某种实质的同一性的内部，并粉碎一切自我之自给自足的做作（la pretesa di Io di bastare a se stesso）。

---

[1] 在罗马神话中，守护神经常被描绘为一个有翼的、赤裸的青年。

据说，灵性（La spiritualità，精神性）首先是这样一种意识，即意识到个体化的存在并非是完全个体化了的，它依然包含某种特定的，对实在的非个体化的分有，后者不但被保留而且还得到了尊重并在某种程度上甚至得到了信守，正如某人信守某人的债务那样。但守护神不只是灵性也不只与那些我们习惯上认为更高级或更高贵的事物有关。我们身上一切非个人的东西都是生产的（geniale）。推动血液在我们的血管中流动或使我们陷入睡眠的力量，我们身体中温柔地调制和分配它的温暖或那放松或紧缩我们肌肉纤维的未知的力量——那也是生产的（geniale）。在我们生理（学意义上）的生命的亲密（intimità）[1]——其中，真正是"自己的"，同时也是最陌生的，不会属于任何人；而离我们最近的，同时也离我们最远，不受我们掌

---

[1] 日译本在此处把 intimità 译作"内奥（即内部深处）"，在其后则译作亲近性。为保持同一用词的可见性，我把它统译为"亲密"并保留了原文。

控——中隐晦地感觉到的，正是守护神。如果我们没有放弃自己，把自己托付给守护神，如果我们只是自我和意识，那么，我们甚至都不能撒尿。在这个意义上，与守护神共同生活意味着，在某种陌异的存在的亲密（intimità）中生活，持续地处在与一个非意识的区域的联系之中。但这个非意识的区域不是压抑，它不会把某种经验从意识转移或替换（disloca）到无意识——在那里，这种经验将被沉淀为某种创伤性的过去，等待着在症状（sintomi）和神经官能症（nevrosi）中重新露面。这种与一个非意识区域的亲密（intimità）是一种日常的神秘主义实践，在这种实践中，自我，在某种特别、愉悦的隐秘（esoterismo）中，微笑着帮忙毁灭自己（assiste sorridendo al proprio sfacelo），并且，无论是在消化食物还是启蒙心智的问题上，难以置信地见证着它自己不断的解体和消失。就它不属于我们而言，守护神就是我们的生命。

因此，我们必须把主体思虑为一个张力构成的力场，其对立的极点，就是守护神和自我。这个力场为两个结合却又反对的力所贯穿：一个（力）从个体指向非个人，另一个（力）则从非个人指向个体。这两个力量共存、交叉而分离，既不能完全地把自己从彼此那里解放出来，又不能完满地同一于彼此。那么，对于自我来说，证明守护神的最好的方式是什么呢？假设自我想写作——不是写作这部或那部作品，而仅仅是写作，写，仅此而已。这个欲望意味着：我（自我）感觉到守护神实存于某处，感觉到在我身上有一种非个人的力量压迫我写作。但这个守护神，这个从来就没有拿起过一支笔（更不用说用电脑了）的守护神，并没有任何生产作品的意向。一个人为了变得非个人（diventare impersonali）、变成生产的（diventare geniali）而写作，然而，在写作中，我们却又把我们自己个体化为这部或那部作品的作者；我们离开了守护神，而守护神，绝不可能具有一个自我的形式，更不用说一个作者的形式了。由自我，个人的元素做出的一切占有守护神、强迫他签署某人自己名字的努力，都必然注定是要失败的。因此我们也就有了像前卫派做出的那种讽刺性操作（operazioni ironiche）的适切（pertinenza）和成功，在这些讽刺性的操作中，守护神的在场，被证明处在作品的去创造（decreation，或反创造、脱创造）与破坏之中。但如果说唯一配得上守护神的作品是被撤销和毁灭了的作品的话，如果说，真正生产的（geniale）艺术家是没有作品的艺术家的话，那么，杜尚（式的）—自我（l'Io-Duchamp）将永远不可能契合于守护神，并且，它会像它自己的非存在的忧郁的证据一样，像它自己的不作为的臭名昭著的承载者一样（come il portatore famigerato della propria inoperosità），在所有人的赞赏面前在世间穿行而过。

这就是为什么与守护神的遭遇是可怕的。保持个人与非个人,自我与守护神之间的张力的生活,叫诗意的生活。但守护神在一切方面超出我们时发生的那种感情,则叫恐慌——为某种在我们头上的、无限大于我们相信自己所能够承载的极限的东西而感到恐慌。出于这个原因,在其非个人的部分面前大多数人都会在恐惧中逃窜,不然,他们就会虚伪地力图把它(这个部分)缩小到他们自己的微小的高度(minuscola stature)。这样,被拒斥为非个人的东西,就能够以甚至更加非个人的症状和痉挛(tic),或更加过度的鬼脸(sberleffi)的形式重新出现。但比这更可笑、更愚昧的是那把与守护神的遭遇经验为某种特权的人,是(在遭遇守护神后)装腔作势要大牌,或者,更糟糕地,假装谦逊地为他所接受的恩惠而表示感谢的诗人。在守护神面前,没有人是伟大的;我们都是同等地渺小。但有人任凭自己被守护神震撼和穿越,以至达到崩溃的地步。另一些人,则更为严肃也更为不幸地拒绝假扮那个非个人的东西,拒绝用那个不属于他们的声音借他们的口说话。

一切存在的品级都能以某种与守护神的关系的伦理来界定。最低的品级包括那些——有时他们(也可能)是非常著名的作家——认为他们的守护神是某种个人的巫师(stregone)("事实证明一切对我来说都是如此地美好!"——"只要你,我的守护神,不把我抛弃……")的人。更和蔼和冷静得多的,是在没有这卑鄙的帮凶的情况下写作的诗人,因为他们知道"神助的缺席"[1]。

孩子在躲藏中获得一种特殊的愉悦,不是因为他们最终会被找到,他们的愉悦来自躲藏这个行动,来自(把自己)隐藏在洗衣篮或橱柜里,蜷缩在阁楼的

---

[1] 见弗里德里希·荷尔德林:《诗人的召命》("Dichterberud" [The Poet's Vocation]),载弗里德里希·拜斯纳(Friedrich Beissner)编:《全集》(*Sämtliche Werke*; Frankfurt: Insel, 1961),第262页。

角落——以至几近于消失——这些行动本身。这里存在一种不可比拟的快乐，一种特别的激动，这种快乐和激动，是无论出于什么原因，孩子们也不愿意放弃的。这种孩子气的激动正是罗伯特·瓦尔泽[1]在保卫其不可辨识性（illeggibilità）（微字 [i microgrammi][2]）之境况中所感受到的艳丽的愉悦，和瓦尔特·本雅明的顽固的，想要变得不可辨认的欲望的源泉。这种愉

---

1 罗伯特·瓦尔泽（Robert Walzer, 1878—1956），瑞士作家。
2 瓦尔泽以极细的铅笔笔迹写就的文本，也称为微迹（microscript），例见下图：

悦和这种欲望都是在孩子们秘密藏身处向他们昭示的那独在的荣光（gloria）的守护者。因为诗人在不承认（non-riconoscimento）中庆祝他的胜利，就像孩子惶恐地发现他藏身处的地灵（Genius loci）。[1]

根据吉尔贝尔·西蒙栋（Gilbert Simondon），情感就是我们联系前个体的（preindividuale）东西的方式。有情感，被感动，就是去感觉我们内部（我们身上）的非个人的东西，去经验作为痛苦或快乐，安全或恐惧的守护神。

在非意识区域的门槛上，自我必须蜕落它自己的种种属性；它必须被感动。激情是绷紧在我们和守护神之间的钢丝，而我们如走钢丝的杂技演员般的生命，就在这钢丝上步步前进。甚至在我们惊奇于外在于我们的世界之前，我们内部（我们身上）那个永远不成

---

[1] Genius loci：地方的守护灵，Genius 也是守护神的意思。

熟、永远处于青春期、迟疑着要不要跨越任何个体化之门槛的那个部分就已经使我们敬畏且震惊了。就是这个难以捉摸的小男孩,这个 puer[1] 顽固地把我们推向他者,而确切来说,我们就在他身上寻找那在我们身上却仍然不可理解的情感,希望借由某种奇迹,这种不可理解之物会在他者之镜中澄明。见证他者的愉悦与激情,是至高的情感和第一位的政治[2],因为我们试图在他者身上寻找我们不能靠自己把握的与守护神的联系;这也是我们隐秘的快乐和我们骄傲而崇高的痛苦(agonia)。

在时间中,守护神表现为双面并具备一种伦理的色彩。有文献——也许,它受到了希腊的主题,即每个人身上都有两个代蒙[3]的影响——说到一个好的守护

---

[1] 即"男孩",Puer 常见于 Puer aeternus,即"永恒的男孩",指神话中永远年轻的童神。
[2] 或第一政治,如第一哲学。
[3] 参见本书第 3 页注释 1。

神和一个坏的守护神，一个白色的（albus）守护神和一个黑色的（ater）守护神。前者敦促、引诱我们向善；后者则腐化我们，引我们向恶。在指出事实上，只存在一个变化的守护神，它时而坦率时而朦胧，时而明智时而堕落，贺拉斯无疑是对的。换言之，变化的不是守护神而是我们和他的关系，这关系从明亮而清澈向朦胧而晦涩转变。我们自己的生命力（principio vitale），那个导引我们的实存并使之和蔼可亲的伴侣，因此也就突然转而沉默隐匿起来，它如影随形地紧跟着我们，并密谋着要对付我们。因此，罗曼艺术表征/再现了两个肩并肩互相支持的 Genii（Genius 的复数）：其中一个手持一把燃烧的火炬；另一个，死亡的预言者，则打翻火炬。

在这种延迟了的道德化（tarda moralizzazione）中，守护神的矛盾充分地显现出来了：如果守护神，就其不属于我们而言方才是我们的生命的话，那么，我们就必须为某种我们并不为之负责的东西做出回应。我们自身的救赎和我们自己的毁灭二者的孩子气的脸既是又不是我们的脸。

在基督教传统中,守护神的类似物是守护天使——或者,更确切地说,是两个天使。一个是善良而神圣,把我们引向救赎,另一个则邪恶而堕落,把我们推向狱罚。但给守护天使以其最明晰和最令人震惊的表达的,是伊朗的天使学。根据这种学说,一个被称作姐厄娜(Daena)[1]的天使——它的样子是一位非常美丽的年轻女子——主管着每个(男)人的诞生。姐厄娜是在天的原型,每个个体都是在(与)它的相像(somiglianza)中被创造[2]的,同时它也是每时每刻都在陪伴我们、观察我们的沉默的见证者。然而,这个

---

[1] 姐厄娜,Daena,字面义为"那被看见的或被观察到的",除作为女神的名字外,也指洞见和启示,引申为"良知"和"宗教"。参见收录于《潜能》的《瓦尔特·本雅明与神魔:幸福与历史的救赎》。

[2] 按三大一神教的经书传统,即是"依……的形象而造的"。

天使的脸随时间而变化。就像道林·格雷的画像一样，它随我们的每一个姿势、词（说出的每一个词）和（每一个）思想而发生细微的变化。因此，在死的时候，灵魂将与它的天使相遇，后者已然被灵魂的举止行为转变为一个更加美丽的造物或一个可怕的恶魔。那时它将轻声说："我是你的妲厄娜，那个被你的思想、你的言语和你的行为塑形的天使。"在一种令人眩晕的反转中，我们的生命塑造并勾勒出原型——而我们正是依此原型的形象而被造的——的轮廓。[1]

在某种程度上我们都和守护神，与寓居在我们身上却不属于我们的东西达成了某种妥协。每个人的性格都是他试图转身远离守护神，试图逃离守护神的方式所造成的。守护神，在它已经遭到回避并被留在一边不被表达而言，在自我的脸上铭写了一个鬼脸

---

[1] 关于阿甘本对天使的研究，参见 Giorgio Agamben, " Angels ", translated by Lorenzo Chiesa, in *Angelaki*, 2011, 16:3, pp. 117-123.

(smorfia)。一个作者的风格——就像为一切造物所展示的恩宠(grazia)那样——对其天赋的依赖比对他身上那个被剥夺了天赋的部分,对他的性格的依赖要少。这就是为什么在我们爱上某人的时候我们实际上爱的既不是他的天赋也不是他的性格(更不是他的自我)而是他特别的,规避这两极的方式,是他在天赋与命运之间快速地来回摇摆。(比如说,某个诗人在那不勒斯大口偷吃冰激凌时,〔身上〕带着的孩子气的风度,或者某位学家在说话时在屋子里踱步,突然停下来盯着远处天花板的角落看的笨拙而蹒跚的样子。)

但对每个人来说,都会有那么一次,他必须和他的守护神分开。可能在晚上,出乎意料地,在一群人经过的声音中,他(突然)感到——却不知道为什么——他的神已经抛弃了他。或者,在一个极为清醒的时刻,我们送走了守护神,在这个极端的时刻,我们知道存在拯救却不再意欲得救——就像在《暴风雨》中的那一刻，普洛斯彼洛对爱丽儿说："（你）自由（了）！"这一刻，他放弃了精灵的魔力并知道现在他所具备的力量都是自己的；这是老艺术家放下了他的笔——并（陷入了）沉思的那个近末的、最终的阶段。他沉思的是什么？姿势：第一次真正地是他自己的，全无魔力的姿势。无疑，没有爱丽儿，生活也就失去了它的神秘，但无论如何，我们知道，现在，它可以真正地属于我们了；只有现在，我们才开始过上一种纯粹属人的和尘世的生活，这种生活并不守诺，也正出于这个原因，现在，它能够给我们无限的更多。这是耗尽了的、悬置了的时间，是突发的黑暗与光明之间的半影（penombra），在这个时间和这个半影中，我们开始忘记守护神；这是完满了的夜。[1] 爱丽儿曾经

---

[1] 参见吉奥乔·阿甘本：《开放：人与动物》（*The Open: Man and Animal*, trans. Kevin Attell, Stanford, CA: Stanford University Press, 2004), ch. 18, 那里提到了本雅明的概念"被救赎的夜/挽救之夜（the saved night [die gerettete Nacht]）"。

存在过么？那消逝的、遥远的音乐是什么？只有那离去，是真实的；只有在现在，自我那极度漫长的忘学（disapprendimento）才开始——在笨拙的男孩回头一道一道地拾起他扭捏的目光，并一点一点地、专横地拾起他的踟躅之前。

II 魔法与幸福（Magia e felicità）

瓦尔特·本雅明曾经说过，孩子对世界的最初经验，不是对"大人更强壮而是（对）大人不会魔法"[1]的意识。这个陈述是在 20 毫克剂量的酶斯卡灵影响下做出的，但它的重要性并不因此而有所减损。事实上，很可能，有时淹没儿童的不可战胜的悲伤，正产生于他们对自己不会魔法的意识。无论通过功劳和努力我

---

1 参见瓦尔特·本雅明：《弗里兹·弗兰克：1934 年 5 月 22 日酶斯卡灵实验协定》（"Fritz Fränkel: Protocol of the Mescaline Experiment of May 22, 1934"），载霍华德·爱兰德编：《论大麻》（*On Hashish*, ed. Howard Eiland, Cambridge, MA: Belknap Press, 2006），第 87 页。

们能够得到什么,这些东西都不能使我们真正幸福。只有魔法能使我们幸福。这,没有逃过莫扎特孩子气的天才,在给约瑟夫·布林格(Joseph Bullinger)的一封信中,他指出了魔法与幸福之间秘密的协同:"体面地生活和快乐地生活是截然不同的两回事,没有某种魔法(存在)的话,快乐的生活对我来说就是不可能的;为此,必须有一些真正超自然的事件发生。"[1]

像寓言中的生物那样,孩子们知道,要幸福就必须把妖怪装进瓶子放在身边,把屙金币的驴子或下金蛋的母鸡关进屋里。无论在何种情况之下,知道准确的位置和该说的话比不嫌麻烦地以最诚实的手段实现目标要重要得多。确切来说,魔法,就意味着没有人配得起幸福,就像古人知道的那样,一切与人相称

---

[1] 沃尔夫冈·阿玛迪乌斯·莫扎特 1778 年 8 月 17 日致约瑟夫·布林格的信,载《莫扎特家庭通信集》(*The Letters of Mozart and His Family*, ed. Emily Anderson, 2nd ed., ed. A. Hyatt King and Monica Carolan, London: Mcmillan, 1966), vol.2, 第 594 页。

的幸福永远是狂妄;它永远是傲慢和过度的结果。但如果某人成功地通过诡计来影响运气,如果幸福不取决于人是什么而取决于一颗有魔力的核桃或一句"芝麻开门!"的话——那么,在这种情况下,也只有在这种情况下,人们才能认为自己获得真正的、有福的(benedettamente)幸福。

孩子的智慧——它肯定幸福不是某种应得的东西——总是遭到官方道德的反对。用康德,那个最不能理解有尊严地活着与幸福地生活之间的差异的哲学家的话来说:"在你身上追求快乐的是秉好(l'inclinazione);而把你的秉好限于你最初配得起幸福的境况的,则是你的理性。"[1] 但我们(或我们身上的孩子)却对我们配得起的幸福无从下手。如果一个女人因为你应该得到她的爱才爱你的话,那是多么巨大

---

1 伊曼努尔·康德:《道德的形而上学》(*The Metaphysics of Morals*, trans. Mary Gregor, Cambridge: Cambridge University Press, 1991),第 269—270 页。

的灾难啊！像接受我们辛勤劳动的回报那样接受幸福，又是怎样的乏味。

在古代格言"意识到幸福的人已不再幸福"中，我们可以看到，连接魔法与幸福的纽带不单纯是非道德的，它确实也能够证明一种更高的伦理。这意味着幸福与其主体有一种吊诡的关系。幸福的人不可能知道他幸福；幸福的主体本身不是一个主体，它也没有获得某种意识或某种良知——甚至是某种好的良知——的形式。这里魔法看起来就像是一种例外，唯一一种既允许人幸福又允许他知道他幸福的例外。通过中魔法而享用某物的人也就逃脱了隐含在对幸福的意识中的狂妄，因为，在某种意义上，他知道他所占有的幸福并不是他的幸福。因此，当宙斯假扮安菲特律翁与美丽的阿尔克墨涅结合的时候，他并不是以宙斯的身份享用阿尔克墨涅，甚至也不是以安菲特律翁的身份享乐，尽管外表上如此。他的快乐全在于中了魔法,只有通过魔法的弯路得到的东西,才能被有意识地、纯粹地享用。只有中了魔法的人才能微笑着说"我",而唯一一种真正地为我们所应得的幸福,则是我们永远不会梦想自己应得的那种幸福。

这也就是世上只有这一种方法可以得到幸福——这种方法就是:信仰神圣者而不要渴望企及它——这条规诫(在弗朗茨·卡夫卡与古斯塔夫·雅努施之间的一场对话中出现了这条规诫一个讽刺性的变种,卡夫卡肯定[这世上总]有足够多的希望——但这些希望不是给我们的)[1]的终极原因。只有在我们理解了这个"不给我们"的意义的情况下,这个表面上克己禁欲的命题才变得可以理解。它要说的不是,幸福只留给他人(幸福,确切地说,就是给我们的);它要说的

---

1 转引自瓦尔特·本雅明:《弗朗茨·卡夫卡》("Franz Kafka"),《选集二,1927—1934》(*Selected Writings, Volume 2, 1927-1934*, ed. Michael W. Jennings, Howard Eiland, and Gary Smith, trans. Rodney Livingstone, Cambridge, MA: Harvard University Press, 1999),第798页。

是,幸福只在那个它不注定给我们的那个点上等待我们。也就是说:只有通过魔法,幸福才可以是我们的。在那个节点上,在我们撕裂命运的时候——幸福,就和我们知道如何施法,就和我们用来一劳永逸地驱散童年悲伤的姿势全无二致了。

倘若如此,若除觉得(自己)会魔法外别无其他的幸福,那么,卡夫卡对魔法的谜一般的定义也就变得清晰起来了。他写道,如果我们用正确的名字来叫生命的话,它就会出现,因为"那就是魔法的本质,它不创造,它召唤"[1]。这个定义与犹太教的卡巴拉派和巫师们小心翼翼地遵从的古代传统是一致的,根据这个传统,魔法本质上是一门关于密名的科学。每一个事物,每一个存在,在其彰显的名字之外,还有另一个隐藏的名字,它不能不对这个隐秘的名字做出回应。

---

[1] 弗朗茨·卡夫卡:《1921年10月18日日记》,载《弗朗茨·卡夫卡日记选,1910—1923》(*The Diaries of Franz Kafka, 1910-1923*, ed. Max Brod, New York: Schocken, 1948-1949),第393页。

成为术士也就意味着知道并（能够）召唤那些古老的名字（arcinome，原名）。因此也就有了关于名字（无论是恶魔的名字还是天使的名字）——通过这些名字，巫师确保他对灵力的控制——的无休止的讨论。对他来说，密名只是他左右承载这个名字的造物的生死的力量的印记。

但根据另一个，更加开明的（luminosa）传统，密名与其说是物从属于巫言的密码，不如说，它是准许物摆脱语言束缚的字符。密名是造物在伊甸园中被叫的名字。当它被读出的时候，一切显名——整座名字的巴别塔——都被粉碎。这也就是为什么，根据这种学说，魔法就是一声通往幸福的召唤。密名是把造物复原至不受表达状态的姿势。在最后的时刻，魔法不是一种（关于）名字的知识，而是一个姿势，一个打破名字的束缚重获自由的姿势。这也就是为什么无论什么时候，孩子也绝不会比在他创造一门秘密的语言时更加满足的原因。与对有魔力的名字的无知相比,他的悲伤更多地来自他在把自己从强加给自己的名字中解放出来上的无能。一旦他获得成功,一旦他发明出一个新的名字,那么,他也就掌握了准予他幸福的通行证(lascia)。有名字是有罪的。而正义,与魔法一样,是无名的。无名而有福的造物叩击着那扇通往那些只用姿势来说话的魔法师(所在)之国度的大门。

III 审判日（Il Giorno del Giudizio）

在我喜爱的照片中，让我着迷叫我狂喜的，是什么品质？我相信那种品质就是：对我来说，相片在某种程度上捕捉到了审判日；它表征末日，神的谴怒之日。这当然与题材无关。我的意思不是说，我爱的相片是那些表现某种庄重、严肃甚或悲剧之物的相片。照片可以展示任何一张脸，任何一个对象（客体）或任何一个事件，无论它是什么。在像马利欧·堂戴罗（Mario Dondero）和罗伯特·卡帕（Robert Capa）那样活跃的记者——他们的实践可以被称作摄影上的游手好闲（flânerie，浪荡）——那里就是这样：他们漫无目的地闲逛，拍下发生的一切。但这"发生的一切"——苏格兰两个骑自行车的女子的脸，巴黎一家商店的橱窗——在审判日都会被唤起、被召唤出来。

这里有一个例子能够以绝对的明晰性说明，这，自摄影有史以来就是真的。用早期银版照相法拍摄的《圣殿大道》（*Boulevard du Temple*）很出名；它被认为是第一幅有人物形象出现的相片。这张呈现圣殿大道的银版相片，是在正午一个繁忙的时刻，由达盖尔（Daguerre）从他工作室的窗口往外拍摄的。街上本该挤满行人和车马，然而，因为那个时期的相机需要极长的曝光时间，这些移动的人群当然也就什么也看不到了。什么也没有，除了照片左下角边墙上一个细小的黑色轮廓。一名男子停下来擦皮鞋，他一定是以腿微抬、脚放在擦鞋人的工具箱上的姿势静站了很久。（见右图）

　　我不能再为审判日创造一个比这更加妥当的意象了。人群——确实,全人类——都在场,却都看不见,因为审判关涉单个的人,单个的生命:确切地说就是这一个而不是其他。这个生命在何时被末日审判的天使——也是摄影的天使——挑出,捕捉并赐予永生?

就在他做出最平常最普通的姿势、擦鞋的姿势的时候。在这个至高的瞬间,人,每个人,都被交付给他最小的、最日常的姿势。然而,多亏了照相机的镜头,如今,那个姿势充满了一整个生命的重量;那个无关紧要甚至愚蠢的时刻,在自身内部收集并凝聚起一整个存在的意义。

我相信姿势和摄影之间有一种秘密的联系。姿势召唤和总结整个天使力量的序列的力量,就是照相机的镜头,而这种力量发生的地方(locus)就是在照片里,就在它眼下聚焦的局部。瓦尔特·本雅明在写到朱利安·格林的时候曾写道,他用一种充满命定色彩(或宿命色彩)的姿势,来呈现他笔下的人物,把他们固定在地狱之后世生活的不可挽回之中。[1] 我相信,这

---

[1] 瓦尔特·本雅明:《朱利安·格林》,《选集二,1927—1934》(*Selected Writings, Volume 2, 1927-1934*, ed. Michael W. Jennings, Howard Eiland, and Gary Smith, trans. Rodney Livingstone, Cambridge, MA: Harvard University Press, 1999),第333页。

里谈论的地狱，是一个异教的阴间而非基督教的地狱。在哈得斯的冥府，死者的阴灵无限地（ad infinitum）重复着同样的姿势：伊克西翁永远滚动着他的轮子；达那依德仍然徒劳地把水装进漏水的容器。但这并非惩罚；异教的阴灵不可能等同于被谴怒者。在这里，永恒的重复是某种apokatasis[1]的密码，是一存在之无限重演（ricapitolazione）的密码。

好的摄影师知道如何捕捉姿势的末世本质，同时又不从被摄事件的历史性或独特性中取走什么。我想到的是堂戴罗和卡帕之间的战时通信，或柏林墙拆毁前的那天从德国国会大厦屋顶往下拍摄的东柏林的相片。又或堂戴罗1959年在子夜出版社办公室门外为新小说作家们——娜塔丽·萨洛特，萨缪尔·贝克特，克洛德·西蒙，阿兰·罗伯-格里耶——拍摄的（著

---

[1] 一般意指复原，恢复原始状态，在斯多葛派那里偏"复位"之意，旧约中偏"复得"，新约则译作"复兴"。基督教指人类普遍获救，恢复原初之圣洁幸福。

名得理所应当的）照片。所有这些相片都包含一个明白无误的历史索引，一个不可磨灭的日期，然而，多亏了姿势的特别的力量，如今这个索引指向另一种时间，复本与实在之间，一种比编年的时间更加现实也更加紧急的时间。

但我也不得不提我爱的照片的另一个方面。它不得不处理某种急切的需要（esigenza）：照片中展示的主体从我们这里要求着什么。急切的需要这个概念非常重要，一定不能与事实的必要性（necessità fattuale）混淆。即使在今天照片上的那个人已被彻底遗忘，即使他或她的名字在人类记忆中已被永远地抹除——或者说，实际上，确切来说正因为如此——那个人和那张脸要求自己的名字；它们要求不被遗忘。

在提到戴维·奥克塔维厄斯·希尔（David Octavius Hill）的摄影的时候，本雅明肯定也有类似的想法，他写道，卖鱼妇的影像引起一种急切的需要：

一种对那位妇人——她也曾在世——的名字的要求。[1]这也许是因为他们不能忍受这个早期银版摄影的观看者不得不回避——他们感觉自己为照片描绘的人所观看——的无声的呼语。(在我工作的房间里,在我桌旁的一个家具上,有一张照片——事实上,是一张相当有名的照片——照片上是一个年轻的巴西女孩的脸,她看起来正在严厉地盯着我看。我知道并百分之百地确定她是且将是我的审判者,今天,如同在审判日。)

堂戴罗表达过他对他所钦佩的两位摄影家的保留意见:亨利·卡蒂埃—布列松(Henri Cartier-Bresson)和塞巴斯蒂安·萨尔加多(Sabastiao Salgado)。首先,他在这两位摄影师的作品中看到了一种几何建构的过度;其次,是一种美学上的过度完美。他用自己关于人脸的概念——人类的脸是有待讲述的故事,是有待

---

[1] 瓦尔特·本雅明:《摄影小史》("Little History of Photography"),《选集二》(*Selected Writings, Volume 2.*),第510页。

探索的地理——来反对它们（即这两种过度）。我有相同的感觉：摄影对我们提出的急切需求与美学无关。相反，它是一种救赎的要求。照片永远多于影像：它是可感的与可理解的之间，复本与实在之间一种记忆和一种希望之间的缺口和巨大裂隙所在的位置。

关注肉体复活的基督教神学家们反复自问身体会以何种状态复活，是死亡时的样子（也许老迈，秃头，断了一条腿），还是年轻时完整的样子。但他们永远不能找到一个令人满意的答案。通过宣称复活涉及的是身体的形式，是身体的相（eidos）而不是身体本身，奥利金（Origen）中止了这些无休止的讨论。摄影，在这个意义上，就是对荣光之身体的预言。

众所周知，普鲁斯特执迷于摄影并竭尽全力地收集他喜爱和尊敬的人的照片。作为对他不断要求得到相片的回应，普鲁斯特21岁时曾爱过的男孩之一，埃德加·奥贝尔（Edgar Auber），终于给了他一张照片。

在那张照片的背面，奥贝尔在献词中（用英语）写道："看我的脸：我的名字是也许曾是（Might Have been）；我也被称作不再（No more），太晚（Too Late），永别（Farewell）。"这当然是一条做作的献词，但它却完美地表达了那种赋予一切照片生命，为再度使真实成为可能而抓住总在流失过程中的真实的急切要求。

摄影要求我们记住所有这些，而照片证明的，是所有那些失去了的名字，就像末日的新天使——摄影的天使——在所有日子的尽头，也即，在每一个日子的尽头处手握的生命之书。

IV 助手(Gli aiutanti)

在卡夫卡的小说里,我们会遇到被称为Gehilfen,即"助手"或"帮手"的造物。但帮助看起来是他们最不能给予的东西。他们没有知识,没有技能,没有"装备";他们什么也不做,只会参与愚蠢的行为和孩子气的游戏;他们是"害虫"甚至有时还"厚颜无耻"而"好色淫荡"。至于他们的外表,他们是如此地相似以至于人们只能通过名字(阿图尔,耶利米)来分辨他们;他们"像蛇一样(彼此)十分相似"。然而他们却是留心的观察者,"机敏"而"灵活":他们有闪亮的眼睛,而且,与他们孩子气的(行事)方式相反,他们长着一张成人的脸,一张"几近于学生的"蓄满浓密长须的脸。某人,不清楚是谁,派他们来我们这里;而(我们)要摆脱他们也不容易。总而言之,"我们不知道他们是谁"——也许他们是来自敌人的"密使"(这也就解释了为什么他们什么也不干,而只是在等待和观望)。但他们看起来又像是天使,像是不知道他们必须传递的信件的内容的信使,但他们的笑容,他们的样子,他们的姿态,"看起来又像是一则信息"。

我们每个人都认识这样的造物,后者,被瓦尔特·本雅明定义为"半开化的"(crepuscolari)和未完成的,类似于印度圣哲那里的乾闼婆[1](ganaharva),他们一半是天国的神灵,一半是恶魔。"世上无物具有固定的位置,或者说稳固的、不可剥夺的轮廓。不存在

---

[1] 在印度教中,乾闼婆是神与人之间的使者。

既不上升也不下降的东西；也不存在不与它的敌人或邻人交换其品性的东西；不存在还没有完全完成其时间周期、还不成熟的东西，也不存在没有深刻地竭尽其存在、还只是处在一个漫长的实存的开端的东西。"[1] 他们比我们的其他朋友都更有理智和天赋，总是专于一些想法和计划——看起来，他们是具备贯彻这些想法和计划所需要的德性的——却依然没有做成任何事情并且在总体上游手好闲（senz'opera，无作为）。他们化身为永恒的学生或骗子，这类人往往年老得厉害，并且最终，会被我们——哪怕不情愿——抛在身后。然而关于他们的某种东西，某种无结果的姿势，某种意料之外的风度，某种确定的、数学的，在判断和品味上的大胆，他们的肢体或言语给人留下的敏捷的印

---

[1] 瓦尔特·本雅明：《弗朗茨·卡夫卡》（"Franz Kafka"），《选集，卷二，1927—1934》（*Selected Writings, Volume 2, 1927-1934*, ed. Michael W. Jennings, Howard Eiland, and Gary Smith, trans. Rodney Livingstone, Cambridge, MA: Harvard University Press, 1999），第799页。

象——所有这些特征都表明,他们属于一个互补的世界,他们暗指一种失去了的公民身份或一个不可侵犯的别处。在这个意义上,他们给我们帮助,即便我们不能很好地分辨这是何种帮助。他们给我们的帮助可能就在于这样一个事实,即他们不可能被帮助,或者说,就在于他们对"你不能为我们做什么"的顽固的坚持。也正是出于这个原因,最终,我们知道,某种程度上我们已经背叛了他们。

也许因为儿童是不完全的存在,儿童文学才充满了助手和帮手,太小或太大的类似或接近(于人)的存在,地精、妖怪(larve)、温和的巨人、多变的精灵和妖精、说话的蟋蟀和蜗牛、屙金币的驴,以及看起来奇迹般地使好的小王子或无畏的约翰(Jean Sans Peur)摆脱危险的魔法造物。这些人物形象在结尾的结尾,当主人公从此之后永远过上幸福快乐的生活的时候,往往会被叙事者忘到一边。对他们我们不会知道得更多，而主要角色所有的一切，实际上，理应归功于这群不能被分类（inclassificabile）的"工作人员"（gentaglia）。不信就问问普罗斯珀罗——在他放弃他所有的魔力并和其他人一起回到他的公爵领地之后——没有爱丽儿他的生活会是怎样一副模样。

助手的一个完美的典型是匹诺曹，老木匠盖比特希望雕刻以便与之同游世界并用来赚取"一片面包和一杯酒"的那个非凡木偶。[1]（匹诺曹）既非死者亦非生者，半是魔像半是机器人，随时会接受一时的诱惑，而后又"承诺从今往后要从善"，这个严肃与非人存在之风度的永恒原型在某个时刻简单地"蹬直双腿"，在最深刻的羞愧中死去了，它终究也没成为一个男孩。（这是这个故事的第一个版本，在作者认为有必要加上

---

1 卡洛·科洛迪（Carlo Collodi）：《匹诺曹奇遇记：一个木偶的故事》（*The Adventures of Pinocchio: Story of a Puppet*, ed. And trans. Nicolas J. Perella, Berkeley: University of California Press, 1986），第89页。

一个有教育意义的结尾之前的那个版本中的结局。)另一个助手是灯芯(Lucignolo),"他身架枯瘦如柴,就像夜灯的新油绳",他向他的同伴描述游乐场并在意识到匹诺曹长了一双驴耳的时候放声大笑。[1] 罗伯特·瓦尔泽的助手是用同样的材料做成的——这些人物不可弥补地、顽固地忙于在根本上多余,更不用说是难以名状的工作上合作。如果说他们学习——他们看起来非常用功地学习——那也是为了成为大大的零鸭蛋。为什么他们不嫌麻烦,要去帮忙处理这个世界严阵以待的任何事情呢?毕竟,那不过是疯狂。他们更喜欢散步。如果他们在路途上碰到一条狗或某种活生生的造物的话,他们会轻声地说:"我没什么给你,亲爱的动物;我会乐意给你点什么,要是我有的话。"然而,

---

[1] 卡洛·科洛迪(Carlo Collodi):《匹诺曹奇遇记:一个木偶的故事》(*The Adventures of Pinocchio: Story of a Puppet*, ed. And trans. Nicolas J. Perella, Berkeley: University of California Press, 1986),第 347 页。

最终，他们会躺在一片原野中，为他们"身为愚蠢生手（greenhorn）的存在"而垂泪。

人们也能在无生之物的世界中找到助手和帮手。每个人都会保留一些无用且多少有点可耻的物件——一半是为了回忆，一半是当作护符——人们不会为这世上的任何事物放弃这些东西。这样的物件可以是一个从童年的蹂躏中幸存下来的老玩具，一个还保有某种失去了味道的铅笔盒，或一件我们毫无理由地保留下来、放在本应叠放成人衬衣的抽屉里的小T恤。对查尔斯·福斯特·凯恩来说，那被称作玫瑰花蕾的雪橇[1]，必定是某种类似于这种物件的东西。或者，想想马耳他之鹰（the Maltese falcon），事实证明，对它的追求者们来说，它就是"构筑梦想的材料"。[2] 又或，还有那个在阿尔佛雷德·索恩—雷特尔（Alfred

---

[1] 参见奥森·威尔斯1940年拍摄的电影《公民凯恩》。
[2] 参见约翰·修斯1941年执导的电影《马耳他之鹰》（又译《枭巢喋血战》）。

Sohn-Rethel)对那不勒斯的壮丽描绘中成为奶油搅拌器的小型摩托车引擎。它们,这些帮手之物(helper-objects),这些某个秘密的(unavowed)伊甸园的证据,最后去了哪里?存在某种专为它们而设的仓库,某种把它们永远收藏其中的方舟——就像犹太人保留古老的、不能阅读的书本的藏经阁(genizah),这么做为的只是防止上帝的名字被写在其中的某本书上——么?

伟大的苏菲伊本·阿拉比(Ibn-Arabi)的杰作,《麦加启示》(*Illuminazioni della Mecca*)的第366章,是献给"弥赛亚的助手"的。[1] 这些助手(wuzara,wazir[2]的复数形式;我们在《一千零一夜》中遇到过那么多次的维齐尔[vizir])是那些在非神圣的时代,就已经具备弥赛亚时代之特征的人:他们已经属于末日。

---

[1] 伊本·阿拉比:《麦加启示》(*The Meccan Revolutions*, ed. Michel Chodkiewicz, Paris: Sindbard, 1989),第119—147页。
[2] 这个阿拉伯语词的意思是"大臣"、"首相"、"总督"等,即下文的维齐尔(vizir)。

奇怪的是——但也许正是出于这个原因——他们是从非阿拉伯人中遴选出来的；他们是阿拉伯人中的异邦人，即便他们说着阿拉伯人的语言。马赫迪（Mahdi），在时间终结时到来的弥赛亚，需要他的帮手——在某种程度上，这些帮手是他的向导，即便他们事实上只是他的智慧的品质或"阶段"[1]的人格化。"马赫迪在咨询他们的基础上做出他的决断和审判，因为他们是真正的知者（conoscitori），他们知道神圣者之真实为何。"[2]多亏了他的帮手，马赫迪才能理解动物的语言并把他的正义扩展到人和精灵（jinn）的身上。事实上，帮手的品质之一，就是他是一个神的语言的"翻译者"（traduttori，mutarjim），他把神的语言翻译为人的语言。根据伊本·阿拉比，整个世界事实上不过就是神

---

[1] Stations，对应阿语的 maqaam，苏菲用语，译作"修行的阶段"，与之相关的还有 haal(state)，译作"状态"。
[2] 《麦加启示》，第 120 页。

的语言的一种翻译，而帮手，在这个意义上，就是不断的神显（teofania）、持续的启示的操作者。助手的另一种品质是他"别具慧眼"（visione penetrante）[1]，此慧眼能够认出"（属于）不可见领域的人"，也即，天仙[2]和其他躲藏在人类和动物的形式中的信使。

但人们如何辨认这些帮手，这些翻译者呢？如果他们以异邦人的身份隐藏在信徒之间，那么，谁又会有能够辨识别具慧眼者[3]的眼光呢？

存在于wuzara和卡夫卡的助手之间的一种中介性的造物，是本雅明在他的童年回忆中提到的那个驼背小人。[4] 这"失序生活的住客"不仅是（解读）孩子气的

---

1 直译即看穿、洞悉（事物）的眼光。

2 即天使，伊斯兰中一般称天仙。

3 **别具慧眼**（visione penetrante）的人，即英文所说的 visionaries，这里涉及的 vision 特指宗教异象或神示，故不能把他们理解为通常意义上的梦想家和有远见的人，他们是能见异象、别具慧眼的人。

4 瓦尔特·本雅明：《1900年左右的柏林童年》（"Berlin Childhood around 1900"），载《选集，卷三，1935—1938》（*Selected Writings, Volume 3, 1935-1938*, ed. Howard Eiland and Michael W. Jennings, tran. Edmond Jephcott, Cambridge, MA: Harvard University Press, 2002），第384—385页。

笨拙的密码，也不仅仅是从想喝水的人那里偷走杯子，从想祈祷的人那里偷走祈祷文的捣蛋鬼（mariolo）。相反，他的出现使得无论是谁，只要注视他，"就不能再把注意力集中"到自己或那个小人身上。事实上，驼背小人是被遗忘者的代表；他呈现自己，为的是要求遗忘的那个寓居于万物的方面。这份遗忘与时间的终结有关，一如粗心乃救赎之先兆。扭曲（storture）、驼背和笨拙是事物在遗忘中采取的形式。我们总是已经遗忘了的，是王国（il Regno）[1]，是"就像我们不是王国那样"活着的我们。当弥赛亚到来的时候，扭曲的会被拉直，障碍会变得简单，而被遗忘者自己的记录也会被记起。因为，据说，"对于他们和他们的同类，不完全者和笨拙无能者（gli inetti）来说，他们会被赋予希望。"

---

[1] 这里的王国有神学含义，在犹太教中，王国是卡巴拉生命之书的第十个质点，在基督教中王国也被理解为圣能流溢的一个层级。

这种观念——认为王国在神圣之外的时代，以诡秘、扭曲的形式在场；最终阶段的元素确切来说就隐藏在今天看起来可鄙可笑、微不足道的东西里头；以及总而言之，羞耻，秘密地与荣光相关——是一个深刻的弥赛亚的主题。现在在我们看来下贱而无价值的一切，都是我们在末日不得不赎回的货币。确切地说，正是在那已经迷失了他的道路的同伴的指导下，我们才能被引向救赎。我们将在吹响号角、或粗心地扔下手中的生命之书的天使身上认出的，正是他[1]的脸。从我们的缺陷和我们卑微中浮现的光珠不是别的，正是救赎。从这个意义上说，在课桌下把第一张色情图片递给我们淘气的同窗，或某人第一次对我们展示他或她的裸体的那个肮脏的贮藏室，也都是助手。助手是我们的没有得到满足的欲望，是那些我们甚至不会对

1　指那个迷路的同伴。

自己承认的欲望。在审判日那天,它们会像阿图尔和耶利米一样微笑着向我们走来。那天,某人会像天堂的账单(cambiali per il paradise)一样报出我们的每一次羞赧。统治(Regnare)并不意味着完成。它的意思是说,未完成的,就是留下来的。

助手是失去之物的形象。或者,更确切地说,是我们与失去之物的关系的形象。这种关系关涉在集体生活和个体的生活中,每时每刻都在不断被遗忘的一切。它涉及无可挽回地被遗失的一切的无尽的堆积(mass)。在我们的整个生命中,遗忘与破坏的程度、我们在我们自己身上承载的本体的浪费,远远地超出了我们的记忆和我们的意识的细小的怜悯。但这种像沉默的魔像(golem,即有生命的假人)一样陪伴我们的,被遗忘者的无定形的混沌既不是惰性的(无自动力的),也不是无效力的。相反,它对我们的影响和我们有意识的记忆对我们的影响一样多——

尽管在影响的方式上有所不同。它是一种力量以及差不多（可以说）是我们在表示被遗忘者时所用的省略号（apostrofe）——尽管它既不能以记忆来衡量也不能像世袭的遗产一样积累，但是，它却持续地治理着所有知识、所有意识的等级体系。失去的东西要求的不是被记起和被完成，而是继续被遗忘、被失去。并因此——仅仅出于这个原因——而不可遗忘（indimenticabile）。助手在所有这一切中居家（In tutto questo l'aiutante è di casa）。他读出不可遗忘者的文本并把它翻译成聋哑者的语言。因此也就有了他伴随着他无感情的（无动于衷的）哑剧演员式的脸的固执的手势。因此也就有了他不可还原的暧昧。因为不可遗忘者只能在滑稽模仿（Parodia）中得到表达。歌的位置/场所是空的。在我们四周的每一边，助手们都在忙着筹备王国。

V 滑稽模仿（Parodia）

在小说《阿图罗的岛》（*L'isola di Arturo*）中，艾尔莎·莫兰黛[1]呈现了一种关于滑稽模仿的隐藏的思考，这一思考，很可能就构成了一种关于她的诗学的决定性的陈述。（首字母大写的）滑稽模仿这个术语，相当出乎意料地，是作为小说的核心人物之一，威尔汉·格雷斯（Wilhelm Gerace）、阿图罗的父亲和偶像、故事的叙述者的一个侮辱性的诨名而

---

[1] 艾尔莎·莫兰黛（Elsa Morante, 1912—1985），意大利女作家。

出现的。[1] 在阿图罗第一次听到这个词的时候（或者，更确切地说，在他从口哨的密语——他相信只有他和他的父亲共享这门秘密的语言——中翻译这个词的时候），他不确定其意义为何。为了不忘记它，在回家的路上他在心里不断地对自己重复这个词，到家后他查了字典，并找到了以下的定义："对他人韵文的模仿，在这种模仿中，在他人那里严肃的一切变得荒谬、滑稽或怪诞。"[2]

这个从修辞手册进入文学文本的定义的闯入绝非偶然。特别是因为，这个术语在邻近小说结尾的地方，在一个包含导致阿图罗和他的父亲、岛以及他的童年分离的最终启示的片段中又再次出现了。这个启示就是："你的父亲是一个滑稽模仿！"[3] 回想起字典上的定

---

1 艾尔莎·莫兰黛：《阿图罗之岛》（*L'isola di Arturo; Turin: Einaudi*, 1957），第 316 页。由伊莎贝尔·奎格利（Isabel Quigly）英译为《阿图罗的岛》（*Arturo's Island*, New York: Knof, 1959），第 308 页（这段引文中英译本把滑稽模仿译作了"怪诞 [Grotesque]"）。
2 莫兰黛：《阿图罗之岛》，第 317 页；《阿图罗的岛》，第 309 页（译文有调整）。
3 同上书，第 339—332 页。

义，阿图罗徒劳地在他父亲瘦薄的、和蔼的脸上寻找可能证实这个诨名的滑稽或怪诞的特征。不久之后，他意识到，他的父亲爱上了（用这个诨名来）冒犯他的那个人。这里，一种文类的名字是解读一种涉及欲望客体/对象的倒置的密码，而不是从严肃到滑稽的变换。可以说，角色的同性爱，是指出他不过是一种文类——叙事的声音（显然，也是作者的声音）爱上了这一文类——的象征的密码。与这种特定的、寓言式的意图——这种意图，在中世纪的文本中不乏先例，但在现代小说中，几乎是独一无二的——相一致地，艾尔莎·莫兰黛使一种文类——滑稽模仿——成为她书中的主人翁。从这个角度来考虑，《阿图罗的岛》看起来就像是作者对一个一开始看起来高度严肃而几近于传奇，最终却自我显露为只有在滑稽模仿中才可接近的文学客体/对象的、绝望的、孩子气的爱。

阿图罗在字典中找到的滑稽模仿的定义，是一个相对现代的定义。它来自这样一个修辞传统,这一传统的范例式的结晶,在16世纪末朱利奥·恺撒·斯加里日罗[1]的作品中出现,后者把他的《诗学》(*Poetica*)的整整一章,都献给了滑稽模仿。斯加里日罗的定义提供了一个支配这个传统长达数世纪之久的模型:

> 就像讽刺(Satira)来自悲剧,而哑剧(Mimo)来自喜剧一样,滑稽模仿源于古希腊史诗(Rapsodia)。确实,在吟咏者(rapsodi)中断他们的朗诵的时候,表演者进场,出于对游戏的喜爱(Per amore del gioco)以及为了刺激听众灵魂的目的,反转并颠覆之前的一切……出于这个原因,这些颂歌被称为paroidous,因为与严肃的论述一道,在严肃的论述之外,它们插入了其他

---

[1] 朱利奥·恺撒·斯加里日罗(Giulio Cesare Scaligero, 1484—1558),意大利学者。

荒谬的事物。因此，滑稽模仿是一种颠倒了的古希腊史诗，通过变化用词，它把意义变换为某种荒谬的东西。它近似于 Epirrhema（古希腊戏剧中的一个部分，在此部分演员或合唱团响应而唱）和 Parabasi（[古希腊喜剧演出中插在剧情间的]合唱队主唱段，也有故违、悖逆之意）。

斯加里日罗是他的时代心智最为敏锐的人之一。他的定义包含某些重要的元素，比如对荷马式的诗人（古希腊史诗）以及喜剧中的合唱队主唱段的指涉——我们稍后还会回到这点。它也确立了滑稽模仿的两个总则性的特征：对先在模型的依赖——这种模型作为结果被（滑稽模仿）从严肃的东西转变为滑稽的东西；以及对形式元素的保留——新的、不相称的内容，被引进（以往的）形式元素之中。这，距现代的手册定义——如阿图罗发现如此激人思考的那个定义——

只有一步之遥。中世纪像 missa potatorum[1] 和 Coena Cypriani[2] 那样的神圣的滑稽模仿——它们把粗野的内容引入弥撒的礼拜仪式或圣经的文本——在这个意义上说,就是滑稽模仿的完美范例。

然而,古典世界,则对另一个更为古老的定义更熟悉,这个定义把滑稽模仿放到了音乐技术的领域之中。这个定义在歌与说之间,melos(朗诵调)和 logos(言,逻各斯)之间作出了区分。事实上,在希腊音乐中,旋律(melodie)最初被认为与说话的节奏(ritmo)是一致的。在荷马式的史诗的朗诵那里,当这种传统的关联被打破、吟咏者开始引入不和谐旋律的时候,

---

[1] 大意即酒鬼的弥撒,Missa Potatorum 是 1200 年至 1600 年间罗马天主教徒写作的,对罗马天主教之弥撒的戏仿和讽刺,同期的类似文本还有赌徒的弥撒和银纹(silver mark)福音(对马可福音的戏仿)。
[2] 大意即西彼廉的宴会,也简称为 Gena,是用拉丁语写作的一部匿名散文作品。传统上认为是三世纪的迦太基主教圣西彼廉所作,但文本很可能成文于五世纪前后。这个文本描述的是在迦南举行的一次宴会,其中,大君(即上帝)邀请多位圣经人物参加一场婚礼。关于此文本的意图分歧甚大,有人认为这是一个说教性的教喻文本,其他人则认为它是对圣经之滑稽模仿的典例。阿甘本显然同意后一种看法。

人们就会说他们在歌的旁边唱（para ten oden），即反歌[1]（或旁歌）而唱。亚里士多德告诉我们，在这个意义上，最早把滑稽模仿引进古希腊史诗的是萨索斯的海杰蒙（Hegemone di Thasos）。[2] 我们知道，他的朗诵模式在雅典人中引起了压抑不住的笑声。据说齐特拉琴手奥伊诺巴（Oinopas）也通过使音乐和言语分离而把滑稽模仿引进了抒情诗。歌与语言的分裂看起来完成于卡里利亚，后者创作了这样一首歌，其中，言语让位于（对）字母（贝塔阿尔法、贝塔伊塔，等等）的朗诵。

因此，根据此术语之更为古老的意义，滑稽模仿指的就是音乐与语言之间"自然"纽带的断裂，歌与言说的分离。或者，反过来说，是言说与歌的分离。事实上，正是这种音乐与逻各斯之间的传统关联在戏仿中的松散，才使得散文的艺术得以在高尔吉亚

---

[1] 反歌：即逆着唱，或在歌的旁边唱，不顺着唱。
[2] 亚里士多德：《诗学》(*Protics*)，第二章。

那里诞生。此关联的打破解放了某种 para，某种在旁（beside）的空间，而散文就在其中占位/发生。这意味着，文学之散文本身就承载着它与歌分离的标记。在这个意义上，根据西塞罗，在散文演说中可以感受到的那"隐晦的歌"（est autem etiam in dicendo quidam cantus obscurior），便是为这失去了的音乐，为歌的自然地位的消失而作出的哀叹。[1]

认为滑稽模仿构成在风格上进入莫兰黛世界之关键的观点，当然不新。在这方面，人们已经提到过"严肃的滑稽模仿"。

"严肃的滑稽模仿"这个概念是明显自相矛盾的，不是因为滑稽模仿不是一件严肃的事情（确实，有时它是极度严肃的）而是因为它不可能声称自己与被滑稽模仿的作品同一；它也不能否定（自己）必然是在

---

1 西塞罗：《论演说家》（*Orator ad M. Brutum*），17.54。

歌—旁（parà-oiden），因此，它也就不能否定它自己的不发生/占位。无论如何，那些驱使滑稽模仿者放弃对他或她的对象/客体的直接再现的原因，可能是极为严肃的。对莫兰黛来说，这些理由既明显又牢固：她必须描绘对象/客体——纯真的生命，也即，历史外的生命——严格来说是不可叙述的。她在1950年写作的一个片段中为此给出的那个超常的解释——这个解释是从犹太—基督教神话那里借来的——对她的诗学来说是决定性的：人被赶出伊甸园；他失去了他自己的位置并与动物一道，被扔进不属于他的历史之中。叙事的客体/对象，在这个意义上，就是"滑稽模仿的"，也即，错位的，而作者只能重复和模仿这一客体/对象的自身深处的滑稽模仿。由于她意欲召唤那不可叙述者，她也就必须诉诸孩子气的手段、求助于"小说的恶习"，就像作者在书末，在为数不多的、她的声音盖过阿图罗的声音的时刻暗示的那样。因此，莫兰黛必须依赖于消息灵通的读者,在某种程度上填充和增补她那些可以说像乌塞佩(Useppe)和阿图罗本人那样看起来来自小人书的角色的不可忍受地模板化的和滑稽模仿的品性。她的叙事半是《爱的教育》(*Cuore*,又译《心》)的半是《珍宝岛》(*L'isola del tesoro*)的风格,半是寓言半是神秘。[1]

只有以神秘的形式才能在文学中呈现生活,这种观念是一个非常适用于莫兰黛的定理("因此生活仍然是一个谜",在最终离开之前,阿图罗如是说)。我们知道,在异教的神秘的宗教仪式中,初入教者(gli iniziati)要参加一些涉及玩意儿(giocattoli)的戏剧化的事件:陀螺,松球,镜子(一些恶意的文献把它们界定为puerilia ludicra[2])。对一切神秘仪式的"孩子气

---

[1] 埃得蒙多·德·亚米契斯(Edmondo de Amicis):《心:学童日记》(*Heart: A School-Boy's Journal*; 1886; New York: Crowell, 1901)。
[2] 大意为儿童的玩物。

的"方面和把神秘与滑稽模仿绑在一起的那种亲密的团结进行反思是有用的。在接近一种神秘的时候,人们只能提供某种滑稽模仿;任何其他试图引起它(神秘)的尝试都会落入坏的品味和话语的浮夸。在这个意义上我们可以说,对现代神秘的典型再现,即大众的礼仪(liturgy,礼拜仪式),是滑稽模仿的。这点得到了数不胜数的中世纪神圣的滑稽模仿的支持,这些滑稽模仿展示了这样一种亵渎(profanatoria)之意图的缺乏——它们通过僧侣们充满信仰的手来保留这样的意图。面对神秘,艺术创造只能成为讽刺画(caricatura),在同样的意义上,处在疯狂之前的灵明中的尼采在给雅各布·布克哈特(Jacob Burckhardt)的信中写道:"我是上帝,我创造了这幅讽刺画;我宁愿成为巴塞尔的一名教授也不愿意成为上帝,但我不能把我的利己主义推到那么远。"[1]

---

[1] 弗里德里希·尼采致雅各布·布克哈特的信,1889年1月6日,载《尼采口袋读本》(*The Portable Nietzsche*, ed. Walter Kaufmann, New York: Viking, 1954),第685和第687页。

正是通过这种诚实（probità），感到自己不能把自己的利己主义推到想要再现/表征不可叙述者的那个点上的艺术家，认为滑稽模仿就是神秘的形式。

也许，作为神秘形式的滑稽模仿机制，定义了中世纪滑稽模仿的反文本（controtesti）中的最极端者，在这个反文本中，处在骑士道意图核心的神秘之灵光被转变为最不受制约的淫秽描写（scatologia）。我指的是《奥迪吉尔》（*Audigier*），大约创作于12世纪末的某个时候的古法语诗，此诗仅有一抄本存世。其反英雄和主人翁的系谱和整个存在被铭写在一个毅然泄殖（cloacina）的星丛中。他（指诗的主人翁）的父亲，迪尔纪毕（Turgibus），是哥居斯（Cocuce）的领主，那是"一个温柔之邦/那里，人们活在没到肘部的屎里/我游过粪流，抵达那里/我不能通过任何其他的洞口再出来"。至于这位高贵的绅士，奥迪吉尔告诉我们，他是一名富有的继承人，我们知道"当他在他的衣服上拉屎的时候，/他把手指插入粪便，再吮吸它们"。但这首诗真正的滑稽讽刺之核，在于对骑士授职仪式的模仿，诗中描绘的授职仪式在一个粪坑里，而且，最重要的是，在与谜一样的古老的格兰贝尔格（Grinberger）的不断斗争中展开。这些斗争不变地以某种模拟的淫秽的（scatalogical）牺牲而告终，而奥迪吉尔像一个"真正的绅士"那样承受了这种牺牲：

> *Ginberge a decouvert et cul et con*
>
> *Et sor le vis li ert a estupon ;*
>
> *Du cul li chiet la merde a grant foison.*
>
> *Quans Audigier se siet sor un fumier envers,*
>
> *Et Grinberge sor lui qui li froie les ners.*
>
> *ii. foiz li fist baiser son cul ainz qu; il fust ters.*
>
> *[Grinberge ha messo a nudo culo e frgna*
>
> *e sulla faccia gli si è acciambellata;*

dal culo le cade merda a profusione.

Il conte Audigier sopra un letamaio sta river so,

e su di lui Grinberge che gli stropiccia i tendini.

Due volte gli fece baciare il culo prima che fosse terso...]

格林贝尔格露出她的屁股和逼

蹲坐在他的脸上。

大坨大坨的屎从她的屁股落下。

当奥迪吉尔躺在粪堆上的时候,

格林贝尔格坐在他身上,搓揉他的脚踝。

让他两次亲吻她的屁股直到把它擦干净。[1]

这与其说是对子宫的回归或对新加入者的试

---

[1] 《奥迪吉尔》(*Audigier*),载保罗·布莱恩(Paul Brians)编:《来自中世纪法国宫廷的淫秽传说》(*Bawdy Tales from the Courts of Medieval France*, New York: Harper and Row, 1972),第57页和第66页。翻译有所调整。

炼——二者在民间传统中都有先例——不如说是一种对在骑士道的要求中所涉及的利害关系，或者更普遍地，对宫廷爱情之客体/对象——这个对象突然从神圣的特权领域被带到了粪山的神圣之外的场所——的大胆的反转。甚至有这样的可能，即，这首诗的不知名的作者以此方式进行的，不过是残酷地阐明一种已经在骑士文学和爱情诗中在场的滑稽模仿的意图：混淆和隐匿分离神圣者与神圣之外者，爱与性，崇高与卑下的那道门槛。

《阿图罗的岛》开篇的献诗在作为小说背景设定（童年？）的那个"小天堂岛"和地狱边缘（limbo）之间建立了某种对应关系。但这种对应有一个苦涩的附注："地狱边缘外不存在极乐世界"（fuori del limbo non v'è eliso）。[1] 苦涩，是因为它暗示着，幸福只可能以滑稽模仿的形式

---

[1] 莫兰黛：《阿图罗的岛》，第7页；《阿图罗之岛》，第v页（译文有修正）。

实存（作为地狱边缘，而不是极乐世界——而这是另一个位置的交换）。

通过阅读关于地狱边缘的神学论著我们会发现，无疑，教父们把"地狱第一层"设想为同时对天堂与地狱、至福与永罚的滑稽模仿。就它包含像有福者一样纯真却身负原污（la macchia originale）的造物——在接受洗礼前死去的儿童或不可能知道（正教真神）的正直的异教徒——而言，它是天堂的滑稽模仿。然而，最具讽刺性的滑稽模仿的时刻，与地狱有关。根据神学家们的论述，地狱边缘的居民经受的惩罚不可能是一种带来痛苦的刑罚——就像留给受谴怒者的刑罚那样——而必然是一种否定性的、缺失性的（privativa）刑罚[1]，这种惩罚就是，永远不能感知到上帝。然而，这种构成第一位的地狱惩罚的缺失，却不会像在受谴怒者那里那样，

---

[1] 缺失性的刑罚（pena privativa），相对于带来痛苦的刑罚，这种是不给……的惩罚，如，不给予上帝的恩泽，像这样的刑罚是否定性的。

引起地狱边缘之居民的痛苦。由于他们（地狱边缘的居民）只有自然的意识而不具备那种来自洗礼的、超自然的意识，至善的缺乏也就不会引起他们哪怕一丝一毫的懊悔。因此地狱边缘的造物把最大的惩罚变成了一种自然的快乐，而这种快乐，当然就是一种极端的、特别形式的滑稽模仿。然而，随之而来的却是，"像某种灰色的东西一样"——就像莫兰黛看到的那样——覆盖这整个不可侵犯的小岛的悲伤之幕。"孩童的房屋"——这个名字本身就使人想起儿童（所在的）地狱边缘——包含着与关于那个来自阿玛尔菲（Amalfi）的人的同性滥交的记忆一道的，一种纯真的滑稽模仿。

在某种意义上，意大利的整个文学传统，都站在滑稽模仿的标志下。古列尔莫·哥尔尼[1]已经表明滑稽模仿（这里也是一种形式严肃的滑稽模仿）何以是但丁

---

1 古列尔莫·哥尔尼（Guglielmo Gorni, 1945—2010），意大利哲学家。

风格的一种本质的构成要素,而但丁风格的目标,正在于生产一种在尊严上几乎等同于为它所再生产的神圣经典的替本(un doppio)。[1]但意大利文学中滑稽模仿张力的存在甚至更深。所有的诗人都热爱他们的语言。但通常,(总有)某物会通过使诗人们迷狂,并如此地完全侵占他们的语言而显露在他们面前:神圣者,爱情,善,城邦,自然……在那些意大利诗人那里——至少自某个特定时刻开始——某种奇特的事情发生了:他们变得独独痴迷于他们的语言,而这种语言对他们显露的除其自身外别无其他。这就是另一件奇事的起因——或者,也许,是后果——即,意大利诗人像热爱他们的语言一样憎恨他们的语言。这就是为什么,在意大利诗人那里,滑稽模仿并不是简单地

---

[1] 例见古列尔莫·哥尔尼:《但丁那里的滑稽模仿与写作》("Parodia e scrittura in Dante"),载乔万尼·巴尔布朗(Giovanni Barblan)编:《但丁与圣经》(*Dante e la Bibbia*; Florence: Olschki, 1988),第323—340页。

在某个严肃的形式中插入或多或少的滑稽内容,相反,可以说,(对他们来说,所谓滑稽模仿,就)是滑稽模仿语言本身。因此,它也就把一种分裂引进了语言——或者说,在语言(因此也在爱情)中发现了一种分裂,此二者说的是同一回事。在这个意义上,意大利文学文化持久的双语主义(拉丁语与拉丁文通俗版《圣经》[volgare]之间的,以及稍后,随着拉丁语的逐步衰落,死语言与活语言、文学语言与方言土语之间的分裂)当然也就具备了某种滑稽模仿的功能。无论是在诗学构造模式中——就像但丁那里语法与母语之间的对立那样;是以哀歌体(elegiache)和学究式(pedanti)的形式——就像在《寻爱绮梦》(*Hypnerotomachia*)[1]中那样;还是以粗野的形式——就像在福伦戈[2]那里那样;

---

1 或译《波利菲勒斯的情站之梦》或《爱冲突在梦想》或《奋斗为爱在梦想》等等很多的名字。关于此书参见 http://blog.163.com/qlg_1977/blog/static/1223849082010013115 15445/ 和 http://www.china774.com/Article/read.asp?id=8177。

2 福伦戈(Folengo,即 Teofilo Folengo),16世纪意大利作家。

在每一种情况下,要点都在于,把滑稽模仿用以建立其核心力量源泉的那种张力引进语言的能力。

要在 20 世纪文学中看到这种张力的结果并不困难。滑稽模仿从一种文类变为语言中介的结构本身,而文学则通过这一中介来表达自身。动员这种作为某种内在于语言的"不和"的二元主义的作家(卡尔洛·埃米利奥·加达[1]和吉奥乔·曼加内利[2])可比照于那些在韵文或散文中仿讽地庆祝歌的无地(non-luogo)的作家(乔万尼·帕斯科利[3],以及方式有所不同的艾尔莎·莫兰黛和托马索·兰多尔菲[4])。然而,在这两种情况下,这都被认为是理所当然的,即,人只能在语言或歌的边上歌唱——或说话。

---

[1] 卡尔洛·埃米利奥·加达(Carlo Emilio Gadda, 1893—1973),意大利作家、诗人,他的作品经常偏离意大利语的标准,包括大量的方言、技术性的行话和文字游戏。

[2] 吉奥乔·曼加内利(Giorgio Manganelli, 1922—1990),意大利记者、先锋作家、译者和文学批评家。

[3] 乔万尼·帕斯科利(Giovanni Pascoli, 1855—1912),意大利诗人、古典学者。

[4] 托马索·兰多尔菲(Tommaso Landolfi, 1908—1979),意大利作家、译者和文学批评家。

如果对象/客体的不可获得性（inattingibilità）的预设是滑稽模仿之根本的话，那么，游吟诗人（trobadorica）和新风格诗人（stilnovista）的诗就包含某种不容置疑的滑稽模仿的意图。它反映了其仪式（cerimoniale）的同时复杂而又充满孩子气的特征。《遥远的爱》（L'amor de lonh）是确保对象/客体与那个它力图与之统一的东西分离的滑稽模仿。在语言学的层面上说，这也是对的。韵律上的过分讲究和封闭的形式（trobar clus）[1]在语言中建立了层次上的差异和多种极性，这些差异和极性把意指活动转变为一个由没有被解决的张力构成的场域。

但极性的张力也在情欲的平面上出现。在一种更为精练的精神性（spiritualità）边上——经常是在同一

---

[1] 游吟诗人所采用的，专门针对他们目光较为敏锐的听众的一种复杂而隐晦的诗风，事实上也只有少数人真正欣赏这种形式。

个人(这方面的一个范例是达尼埃尔·阿尔诺[1],他的晦涩的讽刺诗歌(sirventese)一直对学者提出棘手的难题)——找到某种隐晦的、滑稽的(burlesca)驱力总是令人震惊的。执于使爱的客体/对象留在远方的诗人,活在一种与滑稽模仿者——后者则系统地反转了诗人的意图——的象征关系之中。

现代爱情诗是在滑稽模仿的暧昧标志下诞生的。彼得拉克(Petrarch)的《抒情诗集》(*Canzoniere*)坚决地背离了游吟诗人的传统,它是从滑稽模仿拯救诗歌的一次努力。他的表达简单而有效:在语言方面,就是一种整合的单语主义(拉丁语和大众语言[被彼得拉克]分离到不再交流的程度,而节拍上的差异(dislivelli metrici)也被[他]废除)加上对爱的客体/对象之不可获得性的抹除(显然不是在现实主

---

1 达尼埃尔·阿尔诺(Daniel Arnaut, 1180—1200),12世纪的奥克游吟诗人。但丁称赞他是"最佳的手艺家",彼特拉克赞之为"无上的爱情大师",庞德也说他是"最伟大的诗人"。

义意义上抹除,而是通过把不可获得者转变为尸体(cadaver)——甚至,转变为幽灵——来抹除)。死的灵光(l'aura morta)成为诗歌专有的客体/对象,而这种灵光是不可能(被)滑稽模仿的。Exit parodia. Incipit literatura.(滑稽模仿出去,文学进来。)

然而,被压抑的滑稽模仿,又以病态的(patologiche)形式重新出现了。关于劳拉的第一部传记是萨德侯爵一位先祖——他把她放进了他的宗谱——写作的这个事实,并不仅仅是一个讽刺性的巧合。这表明,这位神圣的侯爵的作品,是对《抒情诗集》的毫不留情的废除。色情作品——它以一种令人难以直视的模式,在保持自身幻想不可捉摸的同时,又以同一个姿势拉近它——是淫秽形式的滑稽模仿。

批评家弗兰科·福尔蒂尼[1]提议使用"严肃的滑稽

---

[1] 弗兰科·福尔蒂尼(Franco Fortini),意大利诗人、作家、散文家、文论家和马克思主义者,弗兰科·拉特(Franco Lattes, 1917—1994)的化名。

模仿"这一表述，他认为这一表述不但适用于莫兰黛，也同样适用于帕索里尼（Pasolini）。他建议我们把帕索里尼的晚期作品和莫兰黛的晚期作品放到一起来阅读。此提议可进一步加以发展。在某个点上，帕索里尼不但与莫兰黛对话（在诗中，他讽刺性地把莫兰黛称作女皇 [Basilissa]），还或多或少地对她的作品进行滑稽模仿。确实，帕索里尼，也跟随着莫兰黛的脚步，以一种语言的滑稽模仿（他的弗留利语诗歌，他对罗马方言的不协调的使用）为始。然而在转向电影的同时，帕索里尼把滑稽模仿移置于其内容之上，赋予它某种形而上学的意指的重量。像语言一样，生命也在其自身内部承载着某种分裂（这个类比并不奇怪，如果我们考虑到生命与言/道之间在神学上的对等的话——这种对等给基督教世界打上了深刻的烙印）。诗人可以在"无宗教之慰藉"（这里引用的是莫兰黛一部没有出版的小说的标题）的情况下生活，但他要活下去，就不能没有滑稽模仿的慰藉。莫兰黛对翁贝尔托·萨巴[1]的崇拜对应于帕索里尼对桑德罗·贝纳（Sandro Penna）的崇拜；"莫兰黛那里对生机（vitalità）的长篇歌颂"对应于（帕索里尼的）生命三部曲（la trilogia della vita）。必须拯救世界的天使般的小男孩则对应于尼纳托的成圣。在二者那里，就在那滑稽模仿的基础之中，都存在着某种不可再现/表征的东西。而且，最终，在这里，色情作品也在其末世论的功能中出现了。从这个角度来看，把帕索里尼的《萨罗》（Salò，即著名的《索多玛的120天》）读作对莫兰黛的《历史》（Storia）的滑稽模仿也不无道理。[2]

滑稽模仿维持了一种与虚构的特别的关系，而

---

[1] 翁贝尔托·萨巴（Umberto Saba, 1883—1957），本名翁贝尔托·玻利（Umberto Poli），意大利诗人和小说家。

[2] 参见艾尔莎·莫兰黛：《历史：一部小说》(History: A Novel, trans. William Weaver, New York: Knopf, 1977)，以及帕索里尼（Pier Paolo Pasolini）：《萨罗，或索多玛的 120 天》（" Salò, or The 120 Days of Sodom"; 1975)。

虚构,一直以来都构成了文学的特征。莫兰黛的诗集《不在场证明》(*Alibi*)中最美的诗作之一就献给了虚构(而她也知道,她是一名虚构的大师);这首诗宣告并浓缩了其音乐性的主题:"di te, finzione, mi cingo, fatua veste"("我用你,虚构,愚蠢的衣服,来装饰自己")。[1] 而帕索里尼也指出,莫兰黛的语言本身就是纯粹的虚构(它"假装意大利语是存在的")。事实上,滑稽模仿不但与虚构契合,更构成了与虚构对立的一极。这是因为,和虚构不一样,滑稽模仿并不质疑其客体/对象的实在;确实,这个客体/对象对滑稽模仿来说是如此不能容忍地真实以至于有必要把它留在远方。滑稽模仿用它激烈的"这太过了"(或"好像不是")来和虚构的"好像/仿若"对立。因此,如果说虚构定义了文学的本质的话,滑稽模仿就把自身,可以说,

---

[1] 艾尔莎·莫兰黛:《寓言》("Alla favola"),载《不在场证明》(*Alibi*, Turin: Einaudi, 2004)。

维持在文学的门槛上，固执地悬置于现实与虚构，词与物之间。

也许，除了把贝雅特丽齐引向劳拉的那个篇章外，没有哪个地方，能叫我们更好地把握创造之对称的两极之间的亲和性——以及，距离——了。通过允许他的爱的对象/客体死去，但丁确定无疑地超越游吟诗人的诗歌而往外迈出了一步。但他的姿态仍然是滑稽模仿的：贝雅特丽齐的死是这样一种滑稽模仿，通过使名字与承载名字的必死的造物分离，它也就获得了采集其至福本质的能力。因此也就有了哀悼的绝对缺乏以及最终，爱而非死亡的胜利。然而，劳拉的死，却是对吟游诗人和新风格诗人来说的，对爱的客体/对象的滑稽模仿的构造的死亡。那对象/客体从此也就变得只不过是"灵光"，只不过是声息（flatus vocis）而已。

在这个意义上，作家根据他们把自己铭写进两大门类之一的方式来自我区分,这两大门类就是:滑稽模仿与虚构,贝雅特丽齐与劳拉。但中间的解决方案也是可能的:人们可以对虚构进行滑稽模仿(这就是艾尔莎·莫兰黛的使命),或者,人们也可以对滑稽模仿进行虚构(这就是曼加内利和兰多尔菲的姿势)。

如果我们进一步追求滑稽模仿的形而上学的召命,把它的姿势推至极端,那么,我们可以说,它在存在中预设了一种二元的张力。换言之,语言中滑稽模仿的分裂,必然也会与存在的某种重复(reduplicazione)对应——本体论也将对应于本体—旁论(paraontologia)[1]。阿尔弗雷德·雅里(Alfred Jarry)曾把他的爱子"patafisica"(雅里创造的词,又译为荒诞玄学),定义为关于添加在形而上学之上的东西的学问。同样,人们也可以说,滑稽模仿是关于语言中

---

[1] Para- 意为旁,关于这个术语,参见德国哲学家奥斯卡·贝克的论述。

和存在中在自身之旁（a fianco di se stresso）存在之物——或者说，一切存在和一切话语的在自身之旁的存在（dell'essere a fianco di se stresso）——的理论和实践。正如形而上学，除非作为感性经验旁边的一个空间（但也是一个必须严格保持空［无状态］的空间）的滑稽模仿的开口，否则就是不可能的——至少对现代思想来说如此——那样，滑稽模仿也是一个因不可实践而著称的领域，在这个领域中，旅行者不断地碰到他不能避免却也不能逃避的界限与绝境。

如果本体论是语言与世界之间的一种联系——一种或多或少是快乐的（piú o meno felice）联系——的话，那么，滑稽模仿，作为本体—旁论，也就表达了语言在触及物时的无能，和物找到它自己的名字的不可能。因此，滑稽模仿的空间——也就是文学——也就必然在神学上为哀悼和扭曲的鬼脸所标记（就像逻辑的空间为沉默所标记的那样）。然而，这样一来，滑稽模仿也就证明了那个看起来是语言唯一可能之真理的那种东西。

在斯加里日罗对滑稽模仿的定义的某个点上，他提到了合唱队的主唱段（parabasi）。在希腊喜剧的技术语言中，parabasi（或parekbasis）指的是演员离开舞台而合唱队直接转向观看者的那个时刻。为了做到这点，为对观众说话，合唱团四处移动（parabaino）到舞台上被称作logeion的那个部分，即话语之地（的位置上）。

在parabasi的姿态中，再现/表征结束了，演员和观看者、作者与观者互换了角色。这里，舞台与现实之间的张力得到了舒缓，而滑稽模仿也遭遇了也许是它的唯一的解决方案。parabasi是对滑稽模仿的某种扬弃（Aufhebung）——它既是一种侵越/逸出（trasgressione），又是一种完成。出于这个原因，一直留意讽刺性地超越艺术的一切可能方式的弗里德希·施莱格尔,把parabasi看作这样的点:在这点上,戏剧超越了自身并趋近于小说,浪漫主义之形式的典范。舞台对话——被模仿地、滑稽模仿地分开的舞台对话——在旁边(off to the side)打开了一个空间(这个空间在物理上为logeion所再现/表征)并因此而变得不过就是某种交换,仅仅是某种人类的谈话而已。

类似地,在文学中,当叙事的声音转向读者——就像那些著名的诗人对读者的呼语那样[1]——的时候,这就是一个parabasi,对滑稽模仿的中断。从这个角度来反思parabasi在从塞万提斯到莫兰黛的现代小说中的杰出功能是有必要的。被召唤向前,被带离他自己的场所和位置/立场的读者,并没有进入作者的位置,而是进入了某种世界间的空间。如果说滑稽模

---

[1] 如波德莱尔的《致读者》。强调突然中断叙事,直接对读者说话的写作手法。

仿，歌与言说之间以及语言与世界之间的分裂，实际上铭记了人类言语之专属位置的阙如的话，那么，在parabasi中这撕心裂肺的绝境也就变得——短暂地——不那么痛苦，并且，可以说，在某个故土中被抵消（si cancella in patria）。就像阿图罗在谈论他的岛的时候所说的那样："我宁愿假装（fingere）它不存在。因此我最好到不可能再看到它的时候再去看它。时候到的时候请你告诉我。"[1]

---

[1] 莫兰黛：《阿图罗之岛》，第379页；《阿图罗的岛》，第372页（译文有修正）。

VI 欲望（Desiderare）[1]

没有什么（活动）比欲望更简单也更人性的了。那么，为什么欲望对我们来说是不可言明的呢？为什么把欲望付诸言辞是如此困难呢？事实上，用言语表达欲望是如此地困难，以至于我们只能以隐藏欲望，在自身深处的某个地方为它们建起地窖，让它们在其中不朽、悬置和等待而告终。

我们不能把自己的欲望放进语言，因为我们想象

---

[1] 日译本作"欲求"。

欲望。实际上，那个地窖里贮存的只是意象，就像为还不知道如何阅读的孩子准备的画册，就像目不识丁者的厄比纳尔图（Imagerie d'Epinal）。有各种欲望的身体就是一个意象。在欲望中不可言明的，是我们用它为自己描绘的那个意象。

不用意象来对人表达自己的欲望是野蛮的。表达不带欲望的意象则是乏味的（就像复述自己的梦境和旅行那样）。但两者都容易做到。另一方面，表达被想象的欲望或被欲望的意象，则是一个更加艰难的任务。这也就是为什么我们总要把它推迟到以后。直到我们开始理解欲望永远不会被满足，而那个不可言明的欲望，就是我们自己，地窖中永恒的囚徒。

弥赛亚为我们的欲望而来。他（弥赛亚）为满足这些欲望而把它们与意象分离。或者更确切地说，分离，为的是展示欲望已经得到满足。无论我们想象什么，我们都已经得到了它。那已经得到满足的东西的

(不可满足的)意象仍然存在。弥赛亚用已经得到满足的欲望来造设地狱;用不可满足的意象来建构地狱边缘(limbo)。并用被想象的欲望,用纯粹的词,来建造天堂的至福。

VII 特别的存在（L'essere speciale）

镜子使中世纪的哲学家们着迷。他们尤其喜欢探究镜中出现的影像的本性：这些影像的存在，或者更确切地说这些影像的非存在（non-essere）是什么？它们是身体还是非身体（non-corpi），实体还是偶性（accidenti）[1]？它们等同于色彩、光线或阴影么？它们有场所运动么？镜子又是如何获得它们的形式的？

---

[1] 偶性（源自拉丁语 accidens，"发生的事"，相应于希腊语 sumbebekos，来自动词 sumbainein，"聚合"或"发生"，译为"相合"或"相伴"更好），亚里士多德把偶性当成一个与本质相对应的专门术语使用。中世纪哲学家把"本来的"偶性和"生发的"偶性区别开来，认为前一种属性自身也是一类实在，后一类属性则只是谈论对于客体无关紧要的某种东西的方式。

当然，影像的存在一定非常特别。如果它们仅仅是身体或实体，那么它们怎么能够占据已经为镜子的身体所占据的空间呢？如果它们（所在）的地方是镜子，那么通过移动镜子，我们不也会移动影像么？

首先，影像并非实体，而是在镜中——不是在一个地方而是在一个主体中（quod est in speculo ut in subecto）——被发现的偶性。对中世纪的哲学家来说，主体中的存在是无实体的存在——也就是说，不在自身中（per sé，本质地）存在而是在自身之外的某物中存在的那种存在——所具备的存在样式。（考虑到影像与爱的经验二者之间的接近，但丁和卡瓦尔坎蒂都以同样的方式定义爱也就不足为怪了：[爱]"是无实体的偶性"。）

影像的非实体的本性导出两个特征。由于影像不是实体，它也就不占有任何持续的实在，我们也就不能根据任何场所的运动而把影像描述为运动的。相反，在任何一个时刻，影像都是根据注视影像的人的运动或在场而生成的："像光根据照明者而时刻被重新创造出来那样，我们也可以说，镜中的影像，根据观看影像的人的在场而时刻被生成。"

影像的存在就是持续的生成（semper nova generatur），是一种生成的而非实体的存在（essere）。每时每刻，它都是被重新创造出来的存在，就像天使——根据塔木德的记载，天使在歌颂上帝的荣耀后即刻便没入虚无。

影像的第二个特征，在于它不依量的范畴而定；确切地说，它并非形式或影像，而毋宁说是"影像或形式的外观"（species imagines et formae）。本质上，它不可描述为长的或宽的，相反只能说它"只有长宽的外观"。影像之维（dimensioni）不是可度量的量，而只是存在或"习性"（habitus vel dispositiones）的外观、species或样式。此特征——只能指涉"习性"或气质（ethos）的特征——是"主体中的存在"这一表述最有意思的地方。在一个主体中存在的东西具有一个species、一个习惯（uso）、一个姿势的形式。它绝不是一个物，却永远是且只是一个"物的种"（specie di cosa）[1]。

拉丁语的species，有"表象"（parvenza），"模样"（aspetto）或"视像"（visione）之意，源自词根"看，见"。该词根亦见于speculum（镜子），spectrum（影像，鬼），perspicuus（透明，清晰可见），speciosus（美丽，让自己被看到），specimen（例子，标志）和spectaculum（景观）。在哲学术语中，species也用于翻译希腊语的eidos（一如genus被用于翻译genos）；因此也就有了这个术语在自然科学（动物或植物的种）和在商业语言——在商业用语中，这个术语指的是"商品"（merci）（尤指药品和香料），稍后也指金钱

---

[1] 一个像物却又不是物的东西，但因为它没有实体，我们又不能说它是一个东西，确切地说，它只是物的表象、样子、外观，日译本便译作了"物的外观"。但联系下文直接译为物的种也是可以的。这里采用后一种译法。

(espèces)——中的意思。

影像这样一种存在：它的本质是成为一种 species、一种可见性或一种表象。一个存在，如果它的体质与它的"被看见的"(suo darsi a vedere)[1]，与它的外观相符的话，那么，这种存在就是特别的[2]。

特别的存在是绝对非实体的。它没有固有的场所，相反，它在某个主体中发生，并且在这个意义上说，它就像是存在的一种 habitus 或一种样式，就像镜中的影像。

每一事物的 species 就是它的可见性，也就是说，它的纯粹的可理解性（intellegibilità）。一个存在，如果它与它自己的"可见的"（suo rendersi visible），与它自己的显示相同，那么它就是特别的。

---

[1] 关于这个概念及其与被见之物（the seen 的关系）参见拉康的相关论述，尤见 Jacques Lacan, *The Semina of Jacques Lacan, Book XI: The Four Fundamental Concept of Psychoanalysis*, ed. Jacques Alain Miller, trans. Alan Sheridan, London: Hogarth Press and the Institute of Psychoanalysis, 1977。

[2] 注意 special 与 species 也是同源的。

镜子是我们发现我们有影像的地方，同时，也是这样一个地方：在这里，这个影像[1]能够与我们分离，在这里，我们的 species 或 imago（意象）不属于我们。在对影像的感知和对影像中的自我的认识之间，有一道裂隙，这道裂隙，中世纪的诗人们称之为爱。在这个意义上说，那喀索斯的镜子也就是爱之源，是这样一种激烈而骇人的领会：影像是又不是我们的影像。

　　如果这道裂隙被抹除，如果人在影像中认出自己，同时自己在影像中又没有被误认和被爱——哪怕只是一瞬间——的话，那么，这就意味着，（人）不再有能力去爱；这就意味着相信我们是我们自己的 species 的主人，我们与之相同。如果感觉与认识之间的间隙被无限地拉大，那么，影像也会（随之）而内化为幻想，爱也将落入心理学的窠臼。

---

[1] 即我们的影像。

在中世纪，species 也被称作 intentio，即意向（intenzione）。这个术语命名的，是每一个存在的内部的张力（intus tensio），这个张力推动存在，使存在成为影像、使存在表达自己。Species 不过就是这种张力，就是每个存在在欲望自身、欲望保存自己的存在时所怀有的那种爱而已。在这个意义上说，特别的存在是共通的（comune）或者属的（generico）存在，而这种存在则是某种类似于人类的影像或者脸的东西。

Species 不会再细分属（genere）；它暴露属。欲望着的和被欲望着的存在，在属中变成 species，使自己可见。特别的存在也不意味着通过专属于它的、这样或那样的品质（qualità）来识别的个体。相反，它指的是这样一种存在：它是无条件的存在（essere qualunque）[1]；一种这样的存在：它在属的意义上无差别

---

[1] "无条件的"这个概念可参阅阿甘本的《来临中的共同体》。

地是它的每一个品质，它附着于它的多个品质，却又不等同于其中任何一个。

"无条件的存在是可欲的"是同语反复。

"Specioso"一开始的意思是"美丽"，只是到后来才有了"不真实的，表象"的意思。Species 一开始被定义为使（事物）可见的东西，也只是在后来才成了分类和等价的原则。"是特别的"（far specie）可以有因为不合于既定法则而"令人吃惊，使人惊讶"的意思，但相比之下，这个观念——即，多个个体构成一个种并共属一个同质性的类——更令人安心。

没有什么比这种双重的意义更有启发性了。种是把自身呈现给凝视，对凝视表达自己的东西，是使……可见的东西，同时，是能够——必须，不惜以一切代价——为建构某种同一性而被固定在某个实体或某个特定的差异之中的那种东西。

起初，Persona 的意思是"面具"，也就是说，某种非常"特别的"东西。没有什么比这个事实——即，基督教神学用这个术语来翻译希腊语的hypostasis，使面具和实体关联起来（单一实体中的三个位格）——更清楚地表明个人（la persona）被赋予的本体的、心理学的和社会的历程（proccessi）的意义了。个人是species的容器（cattura），为与之同一而把它锚定在实体中。身份证件包含相片（或其他捕捉species的手段）。

无论在什么地方，特别的都必须被化约为个体的，而个体的则又必须被化约为实体的。Species向同一性和分类之原则的转变是我们文化的原罪，是我们文化最不可取代的装置（dispositivo）。以牺牲其特别性（la specialità）为代价，某种东西被个性化（personalizza）了——它被指涉为同一性。一个存在——一张脸，一个姿势，一个事件——在它不像其他任何一个存在，而像其他所有存在的时候，才是特别的。特别的存在是令人愉快的，因为它不寻常地把自己提供给共同的使用（uso comune），但它又不可能是个人所有（proprietà personale）的对象或客体。但若无个人的（del personale），使用和享受都是不可能的；可能的就只有占有和妒忌了。

妒忌是把特别的错当成个人的；残忍则是把个人的误作特别的。少女（jeune fille）妒忌她自己。模范主妇则使自己变得残忍。

特别的存在除自身的可表达性（la propria comunicabilità）外什么也不表达。但这种可表达性逐渐与自身分离，并在自治的领域（una sfera autonoma）中被建构起来。特别的变成了景观。景观是对属的存在的分离，也就是说，是爱的不可能和妒忌的胜利。

VIII 作为姿态的作者
（L'autore come gesto）

1969年2月22日，米歇尔·福柯给法国哲学学会（Società francese di filosofia）的成员和来宾作了一场名为"什么是作者？"（Che cos'è un autore?）的报告。[1] 距此三年前，《事物的秩序/词与物》（Les mots et les choses）的出版使他成为学术界的名人。在听众（让·瓦尔[2]〔他给讲座作了介绍〕、莫里

---

[1] 米歇尔·福柯：《什么是作者？》（"Che cos'è un autore?"），载《美学，方法与认识论》（*Aesthetic, Method and Epistemology*, ed. James D. Faubion, trans. Robert Hurley, New York: New Press, 1998），第205—222页。

[2] 让·瓦尔（Jean Wahl, 1888—1974），法国哲学家。

斯·德·岗迪亚克[1]、吕西安·戈德曼[2]和雅克·拉康都在其中）那里，对时髦的好奇，和关于有待讨论之主题的激动是很容易混为一谈的。福柯以一则来自塞缪尔·贝克特的引文开始（"谁在说话有什么关系，有人说谁在说话有什么关系"）[3]他的报告，他把这则引文当作一种表达对作者之漠视的方式来使用，而作者，则是当代的写作之伦理的基础。福柯指出，在写作中我们谈论的，与其说是某个主体的表达，不如说是这样一种空间的开放——在这个空间中，写作的主体不断消失："只有在他缺席的独特性中，作者的踪迹才能被找到。"[4]

但从字面上看，贝克特的引文中包含着一个看起

---

[1] 莫里斯·德·岗迪亚克（Maurice de Gandillac, 1906—2006），法国学者。
[2] 吕西安·戈德曼（Lucien Goldmann, 1913—1970），法国哲学家。
[3] 萨缪尔·贝克特：《不为什么的文本 / 为无而作的文本》（"Text for Nothing"），载《短篇散文全集，1929—1989》（*The Complete Short Prose, 1929-1989*, ed. S. E.Gontarski, New York: Grove Press, 1995），第 109 页。
[4] 福柯：《什么是作者？》，第 207 页。

来——讽刺性地——会唤起此次报告之秘密主题的矛盾。"谁在说话有什么关系，有人说谁在说话有什么关系。"因此这里有一个在保持匿名与没有面孔的状态的同时，提出此陈述的**某人**，没有这个某人，否定说话者的重要性的论题就不可能被表达出来。这个剥夺作者这个身份一切相关性的同一个姿态，反过来又确认了他（作者）不可化约的必要性。

在这点上，福柯进而澄清了他的工作的意义。他的工作以两个经常混淆在一起的观念之间的区分为基础：一是作为严格来说（与作品）不相关的真实个体的作者，另一则是作者—功能（la funzione-autore），福柯的分析聚焦在后者上。作者的名字不仅仅是一个像其他的任何名字那样的专名，在描述和称呼（designazione）的层面上说都不是。如果我知道，比如说，皮埃尔·迪庞（Pierre Dupont）的眼睛不是蓝色的，或他没有出生在巴黎，又或他不像我相信的那样是一名医生,出于这样或那样的原因,皮埃尔·迪庞这个专名并没有停止指向那同一个人。但如果我发现莎士比亚并没有写下被归在他名下的那些悲剧而相反写作了弗兰西斯·培根的《新工具》(*L'organon*)的话,那么,我们就不能说莎士比亚这个名字的功能没有变化。作者的名字指的不仅仅是个人的情况(stato civile);"它并不是从某种话语的内部向生产这种话语的那个真实的、外在的个体的过渡";相反,它坐落于"文本的边缘",它在一个既定的社会中界定了这个文本的地位和传播的机制。"结果,我们就可以说在一个个像我们自己的文明那样的文明中,存在一些被赋予了'作者功能'的话语,而另一些话语则被剥夺了这种功能……因此,作者功能是特定话语在一个社会中存在、传播和作用的模式的特征。"[1]

---

[1] 福柯:《什么是作者?》,第211页(译文有修正)。

因此也就有了我们时代的作者—功能的各种特征：为作者的权利所批准的特定的占有机制，以及随之而来的，起诉和惩罚一个文本的作者的可能性；在文学和科学的文本中区分和选择话语（同一功能的不同模式分别对应于这些不同的话语）的可能性——同一功能的不同模式分别对应于这些文本；通过把文本构造为正典来认证文本的可能性，或者，反过来，决定文本的伪作特征的可能性；阐明的功能同时向数个占据不同位置的主题的分散；以及最后，建构一种跨话语的功能的可能性，这种功能，在作者的作品的界限外，把作者构造为"话语性的奠基人"（"istauratore di discorsività"）（马克思远不止是《资本论》的作者，就好比弗洛伊德不只是《梦的解析》的作者那样）。[1]

两年后，当福柯在水牛城纽约州立大学展示该

---

[1] 福柯：《什么是作者？》，第217页。

次报告的修订版的时候，他提出了一种甚至更加激烈的，作者—个体与作者—功能之间的对立。"作者不是填充作品的意指活动的某个不确定的来源；作者不先于他的作品。他是一个特定的功能原则，在我们的文化中，人们凭借这个原则来定界、排除和选择：简言之，作者是人们用来阻止虚构作品的自由传播（circolazione），自由操纵（manipolazione），自由创作（composizione）、分解（scomposizione）和再创作（ricomposizione）的原则。"

在这个对作者—主体，和在社会中实现这个主体之功能的安排的区分中，福柯的策略为了这样一个深刻姿态所标记。一方面，他多次重申，他并没有停止在主体性上下工夫；而另一方面，作为一个活生生的个体，主体，在他的研究中，又只是通过构成这个主体的客观的主体化程序，和在权力机制中铭写、捕捉这个主体的装置，才是在场的。这很可能就是为什么一些怀有敌意的批评者责备福柯——这倒也不是说不过去——说他彻底漠视了有血有肉的个体,并且在主体性上采取了一种无疑是美学化的视角的原因。无论如何,福柯完全意识到了这个表面上的绝境。1980年代早期,在写作《哲人词典》(*Dictionnaire des philosophes*)的时候,福柯就以下的方式归纳了他自己的方法的特征:"拒斥对一个构成性的(constituent)主体的哲学诉求并不意味着像主体不存在一样行动,以某种纯粹的客观性(oggettività)的名义对主体进行抽象。这种拒斥有这样的目的:引出为这样一种经验——其中,主体和客体在与彼此的关系中、根据彼此而'被形塑和改观'——所特有的种种程序。"[1] 而在对吕西安·戈德曼——在讲座后关于主体的讨论中,戈德曼认为福柯有意抹除个体的主体——

---

1 米歇尔·福柯:《福柯》("Foucault"),载《美学,方法与认识论》,第462页。这是福柯以第三人称撰写的一篇关于自己的百科全书条目文章。

的回应中，福柯语带讽刺地说："界定读者功能如何被执行并不等同于说作者不存在……因此，让我们把眼泪憋回去吧。"[1]

从这个角度来看，作者—功能看起来似乎是一种主体化的进程，通过这个进程，个体被同一化和构造为某个由多个文本构成的文集（corpus）的作者。因此，看起来，一切对作为一个个体的作者的探问，都必须让道于档案的记录，这些记录，决定了主体能在何种境况下，以何种形式在话语的秩序中出现。在这个秩序中，根据福柯持续强调的诊断，"作者的踪迹只有在其缺席的独特性中才能被找到；在书写的游戏中，他必须承担死者的角色"。作者并没有死去，但把某人放到作者的位置上去，也就意味着（使他）占据某个"死人"的场所。作者—主体确实存在，然而只有通过

---

[1] 米歇尔·福柯：《谈话与写作，1954—1988，第一卷》（*Dits et écrits, 1954-1988, Volume 1*; Paris: Gallimard, 1994），第 817 页。

其缺席的踪迹,才能证明他(的存在)。但一种缺席以何种方式才能是独特的呢?对于一个占据某个死人的位置的个体来说,在某个空无的场所留下自己的踪迹又意味着什么?

也许,在福柯的作品中,只有一个文本是这样的:只有在这个文本中,(上文提到的)困难方才明显地、作为主题(tematicamente)而出现,并且,在这个文本中,主体,才片刻地显露了它的光彩。我指的是《声名狼藉者的生活》("La vita degli uomini infami"),这个文本原本是一部档案文献、监狱记录和公文(lettres de cachet)选的前言,在这部文集中,在被打上污名的时候,遭遇权力的人也就从黑暗和沉默中拉出了这些否则就不会留下任何踪迹的人类的实存。[1] 身为无神论者、鸡奸者的教堂执事让-安托瓦·图扎尔

---

[1] 米歇尔·福柯:《声名狼藉者的生活》("Lives of Infamous Men"),载《权力》(*Power*, ed. James D. Faubion, trans. Robert Hurley, New York: New Press, 2000)。

(Jean-Antoine Touzard，1701年4月21日被拘于比塞特）的鬼脸和马萨林·米朗（Mathurin Milan，1707年被拘于夏兰顿）的固执的、鲜为人知的流浪生活，在权力打在他们身上的光束中短暂地闪耀了片刻。在这片刻的闪烁中，某种东西超出了使他们遭受责难、并在档案简洁的陈述中被标志出来的主体化——某种类似于另一种生活和另一种历史的发光的轨迹的东西。当然，这些污名的生命只是通过权力话语中的引用才出现，而后者，则把它们固定为（应为）恶行恶语负责的行为者和作者。然而，就像在那些照片——一个陌生人的遥远却又过度切近的脸从照片往外注视着我们——中那样，这污名中的某种东西急切地要求着（esige）它的专名，在一切表达和一切记忆之外证明着自己。

这些生命以何种方式在这简略、险恶的附注——而正是这些注解，把它们永远地托付给无情的污名档案——中出现？那写下这些笔记的无名的书记员和无足轻重的公职人员当然没有认识或再现/表征这些人的意图：他们唯一的目标是给他们打上污名的印记。然而，在这些篇章中，至少是片刻地，这些生命发出某种炫目的黑暗之光。我们可以因此说这些生命在这里找到了（他们自己的）表达，并且以某种方式向我们表达、为被认识而被给出——尽管是在最极端的缩略之中——么？相反，固定它们的那个姿态看起来使他们永远地离开了一切可能的呈现，就好像它们只有在语言中保持绝对不被表达的状态的条件下，才在语言中出现那样。

那么，有可能，1977年的那个文本就包含了某种类似于解读那次关于作者的报告的密码的东西：污名的生活以某种方式构成了作者在作品中在场—缺席的范式。如果我们把在每一个表达行动中保持不被表达状态的东西称作"姿势"的话，那么，我们就可以说，确切地说,和污名一样,作者在文本中仅作为姿势而在场,而这个姿势,确切来说正是通过在这个表达内部建立某种核心的空无,才使表达成为可能。

我们该如何理解这种独特的在场的模态——通过这种模态,一个生命只有通过使它沉默,把它扭曲成鬼脸的东西才会出现在我们面前——呢?福柯看起来也意识到了这种困难。

> 在这里,你看不到言语描绘(verbal portrait,言语肖像)的集合,相反,你看到的是圈套、武器、哭喊、姿势、态度、诡计和阴谋,对这些东西来说,词就是工具。真实的生命在这些为数不多的句子中被"游戏 / 演出"(jouée)[1];这么说,我的意思不是说它们(在这些句子中)得到了再现 / 表

---

[1] 这个词有游戏和戏剧之意,故说是模棱两可。中译没有把它译作"演出"和"置入戏剧"的原因是阿甘本在后来才提到其中的戏剧含义。

征，而是说，它们的自由，它们的不幸，通常还有它们的死亡——总之，它们的命运实际上都在这些句子中至少是部分地被决定了下来。这些话语以真实、具体的方式与生命相交；这些（生命的）实存实际上在这些词里涉险（rischiate）并迷失于其中。[1]

因此，人们想当然地接受的是，这些东西既不是画像也不是传记；把污名的生活与记录这些生活的无血肉的书写绑在一起的，并不是某种再现/表征或重塑（raffigurazione）的关系，而是某种不同的也更为本质的东西：在这些句子中，它们被"游戏"或"置

---

[1] 福柯：《声名狼藉者的生活》，第160页（译文有修正）。（中译参见李猛译本《无名者的生活》："人们在本书中将要读到的并不是一些人物肖像的汇编，这里收集的文本是圈套、武器、叫喊、姿势、态度、计策或阴谋，而在其中，词就是工具。真实的生命就是在这些简短的句子中'演出'；我这样说并不意味着，这些文字再现了那些真实的生命，而是说，事实上，正是在这里，至少部分决定了这些生命的自由，他们的不幸，经常还有他们的死亡，在所有的时候，都决定了他们的命运。这些话语确实影响了他们的生活；实际上就在这些词中，他们的生存历经险恶，不知所终。"——中译注）

入游戏";他们的自由和他们的耻辱涉险并被决定。

马萨林·米朗在哪里?让—安托瓦·图扎尔在哪里?当然不在这些污名的档案中注册其在场的简洁的笔记中。也不在档案之外,不在严格说来我们一无所知的某种传记的现实(realtà biografica)之中。他们站在文本的门槛上,而在文本中,他们被置入游戏,或者,更确切地说,他们的缺席,他们永恒的转身走开(loro volgerci per sempre le spalle),被标记在档案的外缘上,就像那个在使它可能的同时又超出它的意图,从而使它的意图无效的姿势一样。

"真实的生命被'游戏/演出(jouée)'":在这个语境中,这是一个模棱两可的表达,福柯用引号来对此表示强调。这与其说是因为游戏(jouer)也有戏剧的意义(这个短语也可能是说,这些生命被搬上了舞台/被表演,或者说,他们的角色被[放到舞台上]朗诵),不如说更多地是因为,施动者,那个把这些生命置入游戏的人，在文本中仍然蓄意保持无名的状态。是谁，把这些生命置入游戏？是毫无保留地放弃了自己——马萨林·米朗把自己托付给他的流浪生活，而让-安托万·图扎尔则把自己托付给他鸡奸的激情——的污名者自己么？抑或，毋宁说是——这看起来也更有可能——是亲友，无名的公职人员，负责缉拿他们的司法官和警察的密谋？污名的生命看起来并不完全属于这一种或那一种；它既不属于那种不得不为之作出回应的法律身份，也不属于最终对污名的人做出判决的权力的公职人员。污名的生命只是被游戏；它从未被占有，从未得到再现/表征，也从未得到言说——而这就是为什么它是某种伦理，和某种生命之形式的，唯一可能但同时又是空无的场所。

但对一个生命来说，把自己置入——或被置入——游戏，又意味着什么？

在陀思妥耶夫斯基的小说《白痴》中，纳斯塔西娅·菲利波芙娜在某个即将决定她的存在的傍晚走进了她的客厅。[1]她已经许诺托茨基,那个侮辱了她并把她一直扣留至今的人,她会对他的提议——以七万五千卢布为代价,嫁给年轻的加尼亚——做出答复。她所有的朋友和熟人都聚集在她的客厅里,包括叶潘钦将军,难以形容的列别杰夫和邪恶的费德先科。甚至梅什金公爵也在那里,罗戈任也在,后者在某个点上以一个作风不当的小圈子的领袖的身份入场,带着一个装满用来交换纳斯塔西娅的数万卢布的包。从一开始,这个傍晚就有些病态和发热。屋子的女主人不停地重复:我发烧了,我感觉不太好。

通过同意玩由费德先科提议的令人不快的社交游戏——在这个游戏中,每个游戏者都必须忏悔他自己的卑劣——纳斯塔西娅立刻就把整个傍晚置于游戏和

---

[1] 费奥多尔·陀思妥耶夫斯基(Fyodor Dostoevsky):《白痴》(*The Idiot*, trans. Alan Myers, Oxford: Oxford University Press, 1992),第143—186页。

玩耍的符号之下。也正是出于游戏或异想天开（per gioco o capriccio），她才叫梅什金公爵——对纳斯塔西娅来说，梅什金公爵实际上是个陌生人——来替她决定给托茨基的答复。从那里开始，一切都发生得很快。她出人意料地同意与公爵结婚，接着又收回了这个决定，改而选择罗戈任。接着，就像着了魔一样，她抓起那个装有数万卢布的包并把它扔进火里，并对贪婪的加尼亚承诺，如果他有勇气从火焰中抓出这些钱的话，那么，这些钱就是他的。

是什么导致了纳斯塔西娅·菲利波芙娜的这一系列的行动？无论她的姿态可能有多过分，它们都不可比拟地高于其他在场的人（梅什金除外）的算计和态度。然而，要在这些姿态中分辨出某种像一个理性的决策和一个道德的原则那样的东西却又是不可能的。我们也不能说她的行动是为了寻求报复（比如说，针对托茨基的报复）。从始至终，纳斯塔西娅看起来都为一种谵妄所控,就像她的朋友们百说不厌的那样("你在说些什么?你在犯病";"我不理解她,她疯了吧")。

纳斯塔西娅·菲利波芙娜把她的生命置入了游戏——或者说,也许,她允许这个生命被梅什金、被罗戈任、被列别杰夫,以及,本质上,被她自己的狂想置入游戏。这就是为什么她的行为不可解释;这就是为什么她在她所有的行动中依然保持完全无法进入的、被误解的状态。一个生命,不是在它单纯地服从道德法则,而是在它接受、愿意在它的姿势中,把自身不可逆转、毫无保留地置入游戏——甚至冒着这样的风险:即,它的幸福或它的耻辱将被一举决定——的时候,才是伦理的。

作者标记了这样一个点,在那里,一个生命在作品中被游戏/演出。是被游戏/演出,而不是被聆听或表达(Giocata, non espressa; Giocata non esaudita)。出于这个原因,作者只能在作品中保持不被满足和不被言说的状态。作者是那个使阅读可能的难以辨认的某人,是传说的无(vuoto),而书写与话语,就出自这个无。就像——根据意大利即兴喜剧(commedia dell'arte)理论家——小丑(Arlecchino)的滑稽动作(lazzo)不断地打断在舞台上展开的故事并持续揭露故事情节那样,作者的姿态在它创造的作品中也被证明是一种奇怪的和不和谐的在场。然而,也就像滑稽动作(lazzo)得名于这样一个事实,即,它像蕾丝花边(laccio)一样总会回缩,重新收紧它松开的线索那样,作者的姿态,也只是通过某个不可表达的外部边缘的不可还原的在场(存在),才确保了作品的生命。就像哑剧演员沉默的手势和小丑的滑稽动作那样,作者也在他创造的开口中为聚拢自身而不懈地回归。也就像我们徒劳地寻求——在把作者的画像或相片复制为卷首插画的古书中——从作者谜一般的特征中破译、解读出作品的因由和意义那样,作者的姿势也在作品的门槛上徘徊,就像一个讽刺性地声称掌握它不可公开的秘密的、难以处理的边铭(esergo)[1]。

然而这种难以辨识的姿态,这个保持空无的场所,正是使阅读得以可能的那种东西。让我们来考虑以"Padre polvo que subes de España"("尘土父亲他来自西班牙")[2]开头的那首诗。我们知道——至少我们被告知——这首诗写于1937年的某天,作者是一个名叫塞萨尔·巴列霍(César Vallejo)的人,此人于1892年出生于秘鲁,现葬身于巴黎的蒙帕纳斯墓园,长眠于他的妻子——也即日沃尔若特(Georgette),她比巴列霍多活了许多年,并且看起来应对巴列霍的诗作和其他身后出版的作品的有缺陷的版本负责——身畔。

---

[1] Exergue的字典含义为"钱币等反面底线下刻记年月日或铸造局的地方",法语词源中有hors-d'oeuvre即"作品外的某物"之意。在德里达那里有时也被译成"边缘空白之地"。

[2] 《尘土父亲他来自西班牙》("Father dust who rises from Spain."),塞萨尔·巴列霍:《身后诗全集》(*The Complete Posthumous Poetry*, trans. Clayton Eshleman and José Rubia Barcia, Berkeley Universiyu of California Press, 1978),第262页。

让我们来尝试准确地定位把这首诗构造成塞萨尔·巴列霍的作品（或者说，把塞萨尔·巴列霍构造为此诗的作者）的那种关系。难道这不是说在某天，这种特定的感觉，这种无与伦比的思想在极短的一个时刻经过了那个名叫塞萨尔·巴列霍的个体的心智与灵魂么？没有什么比这更不确定的了。确实，事实很可能是，只是在写作这首诗歌之后——或者说在写作这首诗的时候——这种思想和这种感觉对他来说才变得真实，而它们的细节和微妙之处才不可逃避地变成了他自己的（就像它们只有在我们阅读这首诗的时候，才对我们来说变得如此那样）。

这是不是意味着，思想和感情的场所在于这首诗本身，在于组成这个文本的符号？一种激情，一种思想又如何能够为一纸（文字）所囊括？根据定义，感情和思想要求一个主体来经验和思考它们。为使感情和思想成为在场，必须有某个人拿起书来阅读。这个个体将在诗中占据那个作者留下来的空位；他将重复作者过去在作品中证实他的缺席的那同一种不可表达的姿态。

诗的位置——或者，更确切地说，诗的发生/占位——因此也就既不在于文本也不在于读者（更不在于读者）：它在于作者和读者在文本中借以把自身置入游戏，并在同时无限地从游戏中抽身而退的那个姿势。作者不过是他自己在作品——在作品中，他被置入游戏——的缺席的见证人或保证人；而读者也只能再次提供这种见证，使他自己按顺序也成为这场无穷无尽的游戏——他在其中玩着使自己消失的游戏——的保证人。就像，根据阿威罗伊，"思想是独一无二的，它与时不时地运用其想象和幻想来与之结合的个体是分开的"那样，作者与读者也只有在他们于作品中保持未被表达的条件下才进入某种与作品的联系。而文本，除却那道发自对此缺席的见证的晦暗之光外，别无其他光芒。

但确切来说,这也就是为什么作者也标记了那个界限——在此界限之外,没有任何一种阐释能够进行下去。阅读必终结于此:在这里,对已经诗化的东西阅读,以某种方式,与过去被经历过的东西的空位遭遇。通过作品来建构作者的人格,与把作者的姿势变成阅读的密码一样不合法。

也许,在这点上,福柯的两难也就变得不那么神秘了。主体——和作者一样,和污名者的生命一样——并不是某种作为某地在场的实体性的实在,能够直接企及的东西;相反,它是与种种装置遭遇和赤膊对抗的结果,在这些装置中,主体被置入——或把自己置入——游戏。因为书写(一切书写,而不只是污名之档案的司法官的书写)也是一种装置,而人类的历史也许不过就是与他们生产的装置——首先是与语言——的赤膊对抗。也就像作者必须在作品中保持未被表达的状态并且同时恰以这样的方式证明自己不可还原的在场那样,主体性也必须在它的装置捕捉它、把它置入游戏的那个点上出示自己并增强它的抵抗。在活生生的存在,在它遭遇语言、毫无保留地把自己置入语言中游戏的时候,以一个姿势展示它被化约为那个姿势的不可能性的地方,一种主体性就被生产出来了。其余的一切都是心理学,而在心理学中我们不可能遭遇任何类似于伦理主体,生命形式那样的东西。

IX 渎神礼赞
（Elogio della profanazione）

  罗马的法学家清楚地知道"渎神"[1]意味着什么。神圣的（Sacre）或宗教的（religiose），是那些以某种方式归属于众神的东西。这样，它们也就被移出人

---

1 拉丁语的profanare源自pro（……之外）和fanum（圣所、圣地或神圣的领域）的组合，意为"玷污，使被奉圣之物返还凡俗的使用"。我参照日译本把这个亵渎神圣的操作译为渎神，但要注意渎神中神指的是神圣的范畴和领域，而非具体的某个神祇。同时我也要强调渎神之渎的相对于"严肃、一丝不苟"的"轻慢、疏忽"之意，这是阿甘本在后文中也强调过的。在处理形容词性质的，表示与神圣的、宗教的领域相对的profano/profane的时候，我选择按词源的提示把它译作"神圣之外的"，而非字典上常见的"世俗的"，事实上考虑到阿甘本在后文中的论证，字典上给出的否定式的翻译"非宗教的"都要比"世俗的"好，若非要表达这个意思，"凡俗的"也比"世俗的"好。因为阿甘本特别辨析过profanazione与secolarizzazione之间的区别，后者正是我们常说的世俗化。有时为了语句通顺，我也把渎神译成了亵渎。但要注意，即便如此，文中所说的亵渎也是渎神意义上的亵渎。

的自由使用和商业（的范畴）；它们既不可被出售也不可被留置（date in pegno），既不能用来换取使用权（cedute in usufrutto），也不能承载劳役（gravate di servitú）。任何侵犯或违反这种特别的不可用性（indisponibilità）——这种不可用性把这些事物专门留给天上的众神（在这种情况下它们专属地被称作"神圣的"）或地下世界的众神（在这种情况下它们仅仅被称为"宗教的"）——的行为，都是冒渎的（sacrilego）。而如果"奉圣［consacrare（sacrare）］"（sacrare）这个术语的意思是把事物移出人法的领域的话，那么，反过来，"渎神"就意味着使这些事物回归人的自由使用。伟大的法学家特雷巴求斯（Trebatius）因此而写道，"在严格意义上，渎神指的是某种一度神圣，而今却回归人的使用和所有的东西"。而"纯粹（pure）的"，则是那个不再指定给死者的众神的场所，如今它"既不是神圣的，也不是圣洁的（holy），更不是宗教的，它免于所有此类名字"。[1]

回归人类共通使用的事物是纯粹的、渎神的和免于圣名（nomi sacri）的。但使用在这里并非作为某种自然的东西而出现：相反，只有通过渎神的手段，人们才能获得这种使用。看起来在"使用"与"渎神"之间存在一种我们必须澄清的奇特联系。

宗教可以被定义为那把事物、场所、动物或人移出共同的使用，并把它们转移到一个单独分隔出来的领域的东西。不但不存在无分隔的宗教，而且，一切分隔，也都在其自身内部包含或保留着一个本真的宗教之核。实现并管制分隔的装置就是献祭（il sacrificio）：通过一系列一丝不苟的仪式——这些仪式形式多样，随文化的不同而有所不同，昂利·于贝尔（Henri Hubert）和马塞尔·莫斯（Marcel Mauss）耐

---

[1] 查士丁尼（Justinian）:《学说汇纂》（*Digesta*）11.7.2。

心地详细列举了这些多样的宗教仪式——献祭总是在许可一物从神圣之外到神圣,从人的领域到神的领域的过渡。[1] 在区分这两个领域的那个停顿(cesura)中必不可少的,是被献祭者(vittima)无论朝哪个方向都必须跨越的那道门槛。在仪式中被分隔的东西,也可以(在人的干预下)从仪式回归神圣之外。因此,渎神最简单的形式之一,是通过在那实现并管制被献祭者从人的领域向神的领域过渡的同一次献祭期间,(对被献祭者进行)触染而发生的。被献祭者的一部分(内脏,或 exta[2]:肝,心脏,胆囊,肺)留给众神,而其余的部分则为人所消费。仪式的参与者只要触摸这些留给他们的器官就能(使之)回返神圣之外而可食用。

---

[1] 昂利·于贝尔与马塞尔·莫斯:《献祭:自然/性质与功能》(*Sacrifice: Its Nature and Function*, trans. W.D. Halls, Chicago: University of Chicago Press, 1964)。
[2] Exta 是古罗马宗教中的技术性术语,指的就是被献祭动物的内脏,根据西塞罗(参见他的《论神》),这些内脏包括膀胱(fel)、肝脏(iecur)、心脏(cor)和肺(pulmones)。在古罗马的献祭仪式中,Exta 和血液是专门留给众神的,而被献祭物的肉则由参与献祭仪式的人们共同享用。

存在一种渎神的触染（contagione），这样的触摸使被神圣者分隔、僵化的东西去魅并重归使用。

Religio（宗教）这个术语并非来自——正如一种乏味且不准确的词源学认为的那样——religare（联结并统一属人之物与属神之物的东西）。相反，这个词源于relegere，它指的是在与众神的关系中必须采取的小心翼翼、殷勤专注（attenzione）的姿态，以及在为尊重神圣与神圣之外之间的分隔而必须遵守的形式——以及公式（formule）——面前的，不安的踌躇（"重读[rileggere]"[1]）。Religio并不是统一人和神的东西，而是确保二者不同的东西。因此，宗教的对立面不是对神圣者的不信任和冷漠，相反，它是"玩忽"（negligenza），也即，在事物及其使用，在分隔的诸形式及其意义面前的一种自由的、"分了心的"（distratto）（也就是说，从规

---

[1] 意大利语而非拉丁语，意即"重读、复读、再读"。

范的 religio 中分心、释放出来的）行为。渎神就意味着打开某种特别形式的玩忽的可能性，而这种玩忽忽视分隔，或者更确切地说，它把分隔置入一种特定的使用。

事实上，从神圣到神圣之外的过渡，也可以借助一种对神圣之物的全然不当的使用（或者，更确切地说，重新使用）来完成：游戏。众所周知，游戏的领域与神圣之物的领域有着紧密的关联。我们熟知的大多数游戏都源于古代的祭礼仪式，来自一度，宽泛地说，属于宗教领域的卜测神意的实践和仪式。Girotondo[1] 原本是一种婚礼上的仪式；玩球（这个行动）再生产了众神为占有太阳而进行的争斗；靠碰运气取胜的游戏源于神谕的实践；陀螺和棋盘则是占卜的工具。在分析游戏与仪式之间的关系的时候，埃米尔·本维尼斯特（Emile Benveniste）表明，游戏不仅源自神圣之物的领域，更

---

[1] Girotondo，"围玫瑰"或"围成一个玫瑰环"游戏，一群人围着一个人（中间的人称为玫瑰）做弯腰、屈膝之类的动作，做的最慢的人将接受惩罚并取代中间的人。

以某种方式再现/表征了对这个领域的颠覆(倒转)。圣行的力量,本维尼斯特写道,在于讲述故事的神话,与再生产神话、把神话搬上舞台的仪式的结合。游戏打破了这个统一:作为 ludus,或者说身体的游戏[1],它丢掉了神话并保留了仪式;作为 jocus,或文字的游戏,它抹除了仪式而允许神话继续存在。"如果神圣之物可以通过神话和仪式的同质统一来定义的话,那么,我们可以说在只完成一半神圣的操作,即只把神话翻译成言语或只把仪式转化为行动的时候,人们就是在游戏"[2]。

这意味着,游戏把人类从神圣之物的领域中解放出来、使人类从那个领域分心,同时又不是单纯地废弃那个领域。神圣之物被回复到一种特别的使用,这种使用与功利性的消费还不一样。事实上,游戏之

---

[1] 物理的游戏,或者说运动。
[2] 埃米尔·本维尼斯特:《作为结构的游戏》("Le jeu comme structure"),载《丢卡利翁》(*Deucalion* 2; 1947),第 165 页。

"亵渎"并不仅仅和宗教的领域有关。玩弄无论是什么，只要是落到他们手里的旧物的儿童，把那些也属于经济、战争、法律和其他活动领域——我们习惯于认为，这些领域是严肃的——的东西，变成了玩具。一辆车，一杆枪，一个法律契约突然就成了玩具。对这些案例和（对）神圣之物的亵渎来说共同的是，从现在人们觉得是虚假的或压迫性的 religio 到作为 vera religio 的玩忽的过渡。然而，这，并不意味着忽视（没有哪种专注比得上儿童在游戏时的专注）相反，这里出现的是一种新的使用维度，这个维度是儿童和哲学家给予人类的。本雅明在写到卡夫卡的《新来的律师》(*Il nuovo avvocato*) 时说，不再被应用而仅被研究的法律是通往正义的大门[1]，这时他心里想的一定也是这种

---

[1] 瓦尔特·本雅明：《弗朗茨·卡夫卡》("Franz Kafka")，载《选集，卷二，1927—1934年》(*Selected Writings, Volume 2, 1928-1934*, ed. Michael W. Jennings, Howard Eiland, and Gary Smith, Cambridge, MA: Belknap Press, 1999)，第815页。

使用。就像被玩弄却不再被遵守的religio打开了通往使用的大门那样，在游戏中被停用的（disattivate）经济、法律和政治的潜能（potenze）[1]也能成为通往某种新的幸福的大门。

作为亵渎之器官（organo）的游戏四处都在衰落。现代人已经证明，他再也不知道如何游戏了，而这，确切来说，正是通过新的、旧的游戏的迅猛增殖来完成的。确实，在派对上，在舞蹈中，在游戏时，他都拼命地、顽固地寻求他能够在那里找到的东西的反面：即重新进入业已失去的宗教节日，回归神圣之物及其仪式——甚至是通过像新的景观式的宗教的空洞的仪式或某个省城舞厅里的探戈课那样的仪式——的可能性。在这个意义上说，电视直播的游戏节目是一种新的礼仪的一部分；它们使一种无意识的宗教意图世俗化。

---

[1] 此处英、日译本均作powers，权力、力量。窃以为不妥，应作潜能。参见阿甘本：《潜能》。

把游戏的纯粹的亵渎召命归还游戏是一项政治任务。

在这个意义上，我们必须在世俗化与渎神之间作出区分。世俗化是压抑的一种形式。通过把它处理的那些力简单地从一个地方移到另一个地方，它使这些力保持原状。因此，神学概念（作为主权权力的一个范式的上帝的超越性）的政治世俗化不过就是把天国的君主制替换为尘世的君主制，而丝毫不触动它的权力。

然而，渎神，则使它所亵渎的东西无效。一旦遭到亵渎，那原本不可用的、被分隔出来的东西也就失去了它的灵光，并被归还使用。二者（世俗化和渎神）都是政治的操作：前者（世俗化）通过把权力带回某种神圣的模型而确保它得以行使；后者（渎神）则使权力的装置失去活力并把为权力所夺取的空间归还共同的使用。

语文学家一直为拉丁语中 profanare 这个动词看起来具备的双重的、矛盾的意义而感到惊奇：这个词意味着，一方面，意味着渎神（使……处于神圣之外），另一方面则（只在一些情况下）意味着献祭。这是一种看起来内在于关于神圣之物本身的词汇的模棱两可：形容词 sacer 既有"庄严的，献祭给众神的"之意，又有（正如弗洛伊德指出的那样）"被诅咒的，被排除在共同体之外的"意思。这里所说的模棱两可并不仅仅是出自一种误解，而且，可以说，它也是渎神的操作（operazione profanatoria）构成的——或者，反过来说，是献祭（consacrazione）构成的。就这些操作均指向某个必须从神圣之外向神圣，然后从神圣向神圣之外过渡的单一对象/客体而言，每一次，它们都必须面对某种类似于一切被献祭之物中神圣之外的东西的残余，和一切被亵渎的物体中的神圣的东西的剩余那样的东西。

对 sacer 这个术语来说也如此。它指的是那种通过 sacratio 或 devotio（在一个指挥官把他的生命献祭给地下世界的众神以保障胜利的时候）的庄严行动，从而被托付给众神并专属于众神的东西。然而，在 homo sacer 这个表达中，这个形容词看起来指的是这样的一个个体，他，在被排除在共同体之外后，可以不受惩罚地被（任何人）杀害，却不能被献祭给众神。在这里，确切来说发生了什么？一个属于众神的、神圣的人，在使他和其他人分隔的仪式中幸存下来而继续在他们之中生活——作为一个显然是神圣之外的存在。尽管他生活在神圣之外的世界，在他体内却有某种不可化约的神圣的东西的残余。这把他移出与他所属的种[1]的正常社交，并把他暴露在暴力导致的死亡的可能性面前，而这种暴力导致的死亡，又使他回归他真正的归宿：众神。至于他在神圣领域的命运，他不能被献祭并且被排除在对众神的崇拜活动（culto）之

---

1 即人类。

外，因为他的生命早已为众神所有了，然而，就他可以说，在死后又活了下来而言（in quanto sopravvive, per cosí dire, a se stessa），可以说，它又把某种不协调的神圣之外的东西的残余引进了神圣之物的领域。也就是说，在献祭的机器中，神圣的和神圣之外的再现/代表着这样一个系统的两极，在这个系统中，一个流动的能指从一个领域向另一个领域旅行却不停地指向同一个客体/对象。这个机器就是这样确保使用在人与神圣的存在之间的分配的，也是这样它最终才能够把先前被献祭给众神的东西归还人。因此也就有了罗马的献祭中对这两种操作的混合（promiscuità），其中，同一个被献祭的牺牲者的一部分是因触染而是神圣之外的、为人所消费，而另一部分则指定给众神。

从这个角度来看，要理解为什么神学家、教宗和皇帝们要如此偏执地关注、无比严肃地确保（1）弥撒的献祭中的化质概念；（2）三位一体信条中的道成肉身和**同质**（omousia）概念之间尽可能地连贯和可理解，也就容易得多了。在这里，至关重要的是这样一个宗教系统的持存：这个系统把上帝卷了进来，使他成为献祭中的被献祭者，并以这样的方式，在他身上引入在异教那里只关涉人事的那种分隔。也就是说，这个观念——同一个人或被献祭者身上有两种性质同时在场——是为应对属神与属人范畴之间的混淆而作出的努力，而这种混淆，有使基督教的献祭机器瘫痪的危险。道成肉身说确保了神人二重天性在同一个个人身上的，不含糊的在场，就像化质保障了各种各样的的面包和酒都会无剩余地转化为基督的宝体那样。尽管如此，在基督教中，伴随着作为献祭（仪式）之被献祭者的上帝的登场，以及使神圣与神圣之外之间的区分陷入危机的弥赛亚之趋势的强力在场，宗教的机器看起来也到达了一个极点或者说不可决定的区域

(un punto limite o una zona di indecidibilità), 在那里, 神圣的领域总是处在向属人的领域崩塌的过程之中, 而人也总是已然越入神圣者(L'uomo trapassa già sempre nel divino)。

《作为宗教的资本主义》("Il capitalismo come religione")是本雅明身后出版的最有洞见的一个片段的标题。根据本雅明, 资本主义不像在马克思·韦伯那里那样, 只是清教信仰的世俗化, 相反, 资本主义本身, 在本质上就是一种宗教现象, 它是寄生性地从基督教里发展出来的。作为现代性的宗教, 它(指资本主义)为以下三个特征所界定: 首先, 它是一种崇拜的宗教, 也许还是存在过的此类宗教中的最极端也最绝对的一个。在资本主义中, 一切事物, 只有在涉及某种崇拜的实现, 而不是与某个教条或某种观念关联的情况下, 才有意义。第二, 这种崇拜是永久性的; 它是"对一种无间断且无情的崇拜的颂扬(la

celebrazione di un culto sans trêve et sans merci)。"[1]
在这里，要在工作日与假日（圣日）之间作出区分是不可能的；相反，这里存在的是一个单一的、不被中断的假日（圣日），其中，工作与对崇拜的赞颂是一致的。第三，资本主义的崇拜并非直接指向罪中所获的救赎或对罪的偿赎，它指向罪本身。"资本主义很可能是创造罪而不是赎罪的崇拜的第一个实例……一种对不知救赎的罪的可怕感觉成了崇拜本身，崇拜不是要偿赎这种罪，而是要使它普世化……并一劳永逸地把上帝也包括到这罪里……［上帝］没有死；他被并入了人的命运。"[2]

正因为它竭尽全力地向罪而不是救赎的方向努力，向绝望而不是希望的方向奋进，作为宗教的资本

---

[1] 瓦尔特·本雅明：《作为宗教的资本主义》，《选集，卷一，1913—1926》（*Selected Writings, Volume 1, 1913-1926*, ed. Marcus Bullock and Michael W. Jennings, Cambridge, MA: Belknap Press, 1999），第 815 页。译文有所修正。
[2] *Ibid*., pp. 288-289（译文有修正）。

主义不以改变世界而是以毁灭世界为目标。在我们的时代，资本主义的支配是如此地彻底，以至于根据本雅明，甚至现代性的三位伟大先知（尼采、马克思和弗洛伊德）也与之合谋；他们，都以某种方式站到了这种绝望的宗教那边。"'人'这颗行星在其绝对孤独的道路上穿过绝望之屋的过道，就是尼采定义的人物（ethos）。这个人是超人，第一个认出资本主义的宗教并开始实践它的人。"[1] 弗洛伊德的理论，也属于这种资本主义崇拜的司祭团。"那一直被压抑的东西，罪的观念，即资本本身，它在无意识的地狱上偿付利息。"[2] 而在马克思那里，资本主义"通过单利和复利——它们是罪负（colpa）的功能——而即刻变为社会主义。"[3]

---

1 瓦尔特·本雅明：《作为宗教的资本主义》，《选集，卷一，1913—1926》（*Selected Writings, Volume 1, 1913-1926*, ed. Marcus Bullock and Michael W. Jennings, Cambridge, MA: Belknap Press, 1999），第289页（译文有修正）。

2 *Ibid.*

3 *Ibid.*, p. 289。

让我们试着从这个在这里引起我们兴趣的角度来继续本雅明的思考。我们可以说资本主义,在把一种在基督教那里就已经在场的倾向推至极端的过程中,在一切领域中使那个定义宗教的、分隔的结构普遍化。如今,在献祭一度标记着从神圣之外到神圣和从神圣到神圣之外的过渡的地方,有一个单一的、多形式的、无休止的分隔进程,这个进程为使它和它自己分开而猛击一切事物,一切场所和一切的人类活动。这个进程全然漠视神圣与神圣之外,神与人之间的停顿(cesura)。就其极端形式而言,资本主义的宗教实现了纯粹的分隔[1],纯粹到没有留下任何可分之物。现在,一种绝对的、无剩余的渎神,与一种同等地真空的、总体的奉圣同时发生。在商品中,分隔即为物的形式本身所固有,它分裂为使用价值和交换价值,并被转

---

[1] 分隔有各种形式。资本主义的宗教实现了纯粹的那种。

变为一个不可把握的物神（un feticcio inafferrabile）。（不只是商品）对被完成、被生产，或被经验的一切事物来说也如此——甚至人的身体，甚至性，甚至语言，也如是。如今，它们被剥离自身（或：被从自身中分割出来），并被置入这样一个分隔的领域：这个领域不再界定任何实质性的区分，在这里，一切使用都变得不可能并将一直不可能。这个领域就是消费。假如，正如先前暗示的那样，我们用"景观"这个术语来表示如今我们生活其中的资本主义的极端阶段——在此阶段，一切事物都在与自身的分隔中被展示——的话，那么，景观和消费就是同一种使用之不可能性的两面。不能（被）使用的东西，就这样被移交给消费或者说景观式的展示。这就意味着，渎神已经变得不可能（或者至少意味着它要求特别的程序）。如果渎神意味着把那些被移至神圣之物的领域的东西归还共同的使用的话，那么，处于其极端阶段的资本主义的宗教的目标，就在于创造某种绝对不可亵渎的东西。

消费——即使用之不可能性——的神学正典,是天主教教廷(Curia romana),在13世纪时,在与方济各会(ordine francescano)的冲突中确立的。在方济各会"至高的贫穷"("altissima povertà")的号召中,方济各会的修士们断言,一种完全被移出法律(diritto)领域的使用是可能的,为把这种使用与用益权(usufruct),以及与其他一切形式的使用权(diritto)区分开来,他们把这种使用称作 usus facti,事实上的使用(或事实的使用)。与他们相反,方济各会的死敌教宗若望二十二世(John XXII),则发布了他的通谕("Ad Conditorem Canonum")。他主张,在那些作为消费对象/客体的事物——如食物,衣物,等等——中,不可能存在某种区别于所有权的使用,因为这种使用与它们的消费行为,也即,它们的毁灭(abusus)完全一致。必然损毁事物的消费,完全就是使用的不可能性或者说对使用的否定,(因为)使用的预设是,事物实质不被触动(salva rei substantia)。这还不是全部:一种区别于所有权的、单纯的事实上的使用,从性质上说也不存在;它绝不是某种人们可以"有"的东西。"使用行动本身在性质上既不先于使用行动的行使也不与其行使共同发生更不在此行动得到行使之后。事实上,消费,甚至它在其中得以行使的那个行动中,也总是在过去或未来的,并且,就其本身而言,我们不能说消费在本性上存在,而只能说它在记忆或参与中存在。因此,除在它消失的瞬间,它不可能被拥有。"[1]

这样,若望二十二世用一个不经意间做出的预言,为那种在许多个世纪之后,在消费社会中得以实现的使用的不可能性提供了范式。然而,这种对使用的顽固的否定,却比方济各会提出的任何定义更加根

---

[1] 若望二十二世,"Ad Conditorem Canonum"(1322), in *Corpus Iuris Canonici,* ed. Emil Ludwig Richter and Emil Friedberg(Leipzig: Bernhard Tauchnitz, 1881), col. 2, pp. 1227-1228。

本地捕捉到了使用的本性。因为，在这位教宗的描述中，纯粹的使用看起来与其说是某种不存在的东西（qualcosa di inesistente）——确实，它只在消费行动中的一个瞬间存在——不如说是某种人们永远不可能拥有、也永远不能把它当作所有物来占有（dominium）的东西。也就是说，使用永远是一种与某种不可能被占有的东西的关系；仅就事物不可能成为占有的对象/客体而言，使用才指向事物。但这样，使用也就暴露了所有物（权）的真实本性，而所谓所有物（权），不过是把人的自由使用移入一个分开的领域的设备而已，在那里，人的自由使用被转化为一项权利。如果说，今天，大众社会的消费者并不幸福的话，那不仅仅是因为，他们消费的物自身之中已经蕴含了它们在被使用上的"不能"（inusabilità）。也是因为，而且首先是因为，他们相信他们是在这些物上行使他们的所有权，是因为他们已经不能亵渎它们。

使用的不可能性的象征是博物馆。今天,世界的博物馆化(museificazione)是一个业已完成的事实。一个接一个地,定义人们生活的精神之潜能——艺术,宗教,哲学,自然/本性的观念,甚至政治——都已驯顺地退入了博物馆。这里的"博物馆"并不是某个既定的物理空间或场所,而是一个分隔的维度,那些一度——而今已不再——被感觉为真实的、坚定的东西现已被移到此处。在这个意义上说,博物馆可能是一整个城市(如艾佛拉和威尼斯,这些地方号称是世界遗产地),一个区域(当这个区域被宣告为公园或自然保护区的时候),甚至,某个由个体组成的群体(就他们再现/表征某种已经消失的生活形式而言)。但更普遍地说,今天一切事物都变成了博物馆,因为(博物馆)这个术语指的仅仅是(对)某种使用的、寓居的和经验的不可能性的展出。

因此,在博物馆中,资本主义与宗教的相似也就豁然开朗了。博物馆占据的,正是一度被留给作为献祭之场所的神殿的空间和功能。今天,在一个已经被抽象成一个博物馆的世界中四处游览的旅客,与(过去)神殿中的忠诚信徒——从一座神殿到另一座神殿,从一个圣地到另一个圣地行旅的朝圣者——是相应的。但在忠诚的信徒和朝圣者最终参与的是某种通过把被献祭者移到神圣之物的领域而重建神人之间正当关系的献祭的同时,旅客们却在自己身上庆祝一种献祭的行动,这种献祭行动就在于对所有可能的使用的毁灭的极度痛苦的经验。如果说基督徒是"朝圣者",即大地上的异邦人——因为他们的故乡在天国——的话,那么,新的资本主义崇拜的信徒(adepti)是无故土可言的,因为他们寓居在分隔的纯粹的形式之中。无论他们去哪,他们都会发现他们在自己的房屋、自己的城市里认识到的那同一种寓居的不可能性,他们在超级市场,在购物中心,在电视节目中经验到的同一种使用的无能（la stessa incapacità di usare）被推向了极端。出于这个原因，就其再现/表征了资本主义宗教的崇拜与中央祭坛而言，旅游是每年席卷超过六亿五千万人的世界第一工业。没有什么像这样一个事实那样令人震惊：数百万普通人竟能够在他们自己的肉体上贯彻也许是一个人能够拥有的最绝望的经验：所有使用的不可撤销的丧失，渎神的绝对不可能。

然而，也有这样的可能，即那不可亵渎之物——资本主义的宗教就建立在其基础之上——事实上并非如此，今天仍然存在一些有效的渎神形式。出于这个原因，我们必须回忆起这点，即，渎神并不仅仅恢复某种类似于在被分隔为宗教、经济或司法领域之前存在的，自然的使用那样的东西。正如游戏的例子清晰地表明的那样，这一操作（即渎神）要比这更狡猾和复杂得多，并且，它也不限于为重获某种要么超越分隔要么在分隔之前的不受限制的使用，而废除分隔的形式。甚至在自然中也存在渎神。像玩弄老鼠一样玩弄线团的猫——就像玩弄古代宗教符号或一度属于经济领域的物的儿童那样——心照不宣地,徒劳地使用着猎食活动(或者说,在儿童那里,就是宗教信仰或工作世界)的特征行为。这些行为并没有被抹除,但是,多亏了线团对老鼠的置换(或玩具对神圣物品的置换),这些行为才被停用并因此而对某种新的、可能的使用而开放。

但(这种新的、可能的使用是)何种使用?在猫那里,对线球的可能的使用是什么?(这种新的使用)是,把一种行为从它在一个既定领域(猎食活动,捕猎)的遗传(学)的铭刻中解放出来。被解放了的行为依然再生产并模仿那个活动——被解放了的行为就是从这个活动中解放出来的——的各种形式,然而,在清空它们的意义和与一切与某种目的的强制性的联系的同时,它也使它们开放,使它们可为一种新的使用所用。与线团的游戏把老鼠从被捕食（这个意义和目的）中，把猎食活动从老鼠的被捕捉和死亡（这个必然的目的和意义）中解放出来。然而，这种游戏又把定义捕猎的那些同样的行为搬上舞台。由此而引起的活动也就因此而成为一种纯粹的手段，也即，一种在稳固地维持其作为一种手段的本性的同时，（被）从它与某种目的的关系中解放出来的实践；它高高兴兴地忘掉了它的目标，现在，它能够如是地展示自己，把自己展示为一种没有目的的手段。只有通过停用旧的使用，使之无效，一种新的使用的创造，才是可能的。

分隔也在且首先在身体的领域被实践，就像特定生理功能的压抑与分隔一样。这些生理功能中的一种就是排便（defecazione），这种功能，在我们的社会里，被（人们）借助一系列同时关涉行为和语言的设计与禁令，给孤立和隐藏了起来。"亵渎排便"可能意味着什么？当然不是重新获取某种假想的自然性

(naturalezza)[1],抑或简单地把排便当作一种变态的越轨来享受(这也还聊胜于无)。相反,亵渎排便意味着,像考古一样,去考查"排便"这个由自然与文化,私与公,单个与共同之间的对立张力构成的场域。也即:学会一种对粪便的新的使用,就像婴儿在压抑和分离介入之前试图以它们的方式去做的那样。这种共同的使用的形式只能集体地被发明出来。正如伊卡洛·卡尔维诺曾经指出的那样,粪便跟其他任何东西一样也是一种人类的产物,只不过从未有过粪便的历史。[2] 这就是为什么一切个体的,亵渎粪便的尝试,都可能只具备一种滑稽模仿的价值,就像在路易斯·布努埃尔(Luis Buñuel)的电影中,人们在晚宴时围着餐桌排便的那个场景。[3]

---

[1] 即按生理自然该排就排不加控制。

[2] 伊卡洛·卡尔维诺:《梦的语言》("I linguaggi del sogno")(会议发言), Conference, Fondazione Cini, Venice, Aug. 20-Sept. 18, 1982。

[3] 路易斯·布努埃尔:《自由的幽灵》(*Le fantôme de la liberté*, 1974),中译也做《自由的幻影》。

粪便——很清楚——在这里只是那已经被分隔出去，可以被归还给共同的使用的东西的象征。但一个无分隔的社会是可能的么？这个问题也许表述得不好。因为渎神意味着不但要废除和抹除分隔，还意味着要学会把它们置入一种新的使用，去玩弄它们。无阶级社会并不是一个已经废除和丧失了一切关于阶级差异的记忆的社会，而是一个已经学会为使一种新的使用变得可能，为把那些差异的装置转变为纯粹的手段而停用那些差异的装置的社会。

然而，没有什么和纯粹手段的领域一样脆弱而不稳定的了。游戏，在我们的社会中，也具有某种插曲式（episodico）的特征，在游戏之后，正常的生活还得继续（而猫也必须继续捕食）。没有人比儿童知道得更清楚这点的了：即，一旦游戏——玩具是游戏的一部分——结束，玩具就会是多么的可怕而令人不安。解放的工具变成了一块笨拙的木片；令小女孩抛洒爱心的玩偶，则变成了某个邪恶的魔法师可以捕捉、施法并用来对付我们的，一具冰冷、可耻的腊偶。

这个邪恶的魔法师就是资本主义的宗教的大祭司。如果资本主义的崇拜装置是如此的有效的话，那么，这与其说是因为它们作用于原始的行为，不如说是因为它们作用于纯粹的手段，就是说，作用于那些已经与自身分离并因此而脱离一切与目的的联系的行为。就其极端阶段而言，资本主义不过就是一架以捕捉纯粹的手段为目的，也就是说，为捕捉渎神行为（而设）的庞大装置。纯粹的手段——这些手段再现/表征了对所有分隔的停用和中断——反过来又被分隔到一个特别的领域。语言就是一个例子。当然，权力总是力图确保对社会交往的控制，把语言当作一种传播它自己的意识形态和劝导自愿的服从的手段来使用。然而今天，这种工具性的功能——这种功能在系统的边缘上，在危机或例外的情景出现的时候，依然有效——

已经把自己的位置割让给一种不同的控制程序，后者，则在把语言分隔到景观的领域的同时，在它的空转（nel suo girare a vuoto）中对它发起攻击，也就是说，在它可能的渎神之潜能中对它发起攻击。比宣传功能——它把语言看作一种指向某个目的的工具——更本质的，是对典型的纯粹手段（也就是说，对把自身从它的交往目的中解放出来，并因此而使自身可为一种新的使用所用的语言的）捕捉并使之无效化。

媒体装置的目标，也就在于使作为纯粹手段的语言的这种渎神的力量无效化，就在于防止语言揭露某种新的使用的、某种新的言语经验的可能性。在最初两个世纪的希望与等待之后，教会已经在本质上把它的功能设想为这样一种功能：即，使对保罗称之为pistis，"信"的那个词——保罗把它放到了弥赛亚之宣告的核心——的新的经验无效化。同样的事情也发生在景观的宗教的系统之中，在这里，被悬置和展示于媒介领域的纯粹手段,出示的是它自身的空无,言说的也只是它自身的虚无,就像没有一种新的使用是可能的,就像没有其他任何一种对词的经验是可能的那样。

这种对纯粹手段的取消在看起来比其他任何一种装置更好地实现了资本主义的生产某种不可亵渎之物的梦想的装置——色情摄影——中最为清晰可见。那些对色情摄影的历史有一定了解的人都知道,在一开始的时候,模特们采用的是一种浪漫主义的,几乎是梦幻的表达,就像相机是在她们的闺房(boudoirs)中私拍她们的那样。有时,懒洋洋地伸展在长沙发(canapés)上的模特们,还会假装睡觉甚至阅读,就像在布吕诺·布拉克艾丝[1]和路易—卡米耶·多利维耶[2]的一些裸体作品中那样。其他时候,看起来,不检点的

---

[1] 布吕诺·布拉克艾丝(Bruno Braquehais, 1823—1875),法国摄影家。
[2] 路易—卡米耶·多利维耶(Louis-Camille d'Olivier, 1827—1870),法国摄影家。

摄影师会单独抓拍她们,在镜中窥视她们(这是奥古斯特·贝洛克[1]偏好的场景)。然而,不久之后,与商品和交换价值的资本主义的绝对化步调一致地,她们的表达也发生了变化且变得更加厚颜无耻;(拍摄时摆出的)姿势也越来越复杂而栩栩如生,就像模特有意夸张她们的猥亵(indecenza)那样,这因此也就展示了她们对暴露在镜头之下的意识。电影史家把《和莫妮卡在一起的夏天》(*Monika*, 1952)[2]中的连续镜头——当主人翁,哈里特·安德森(Harriet Andersson)突然连续数秒地把她的目光停留在摄像机上的时候("这里,电影史上的第一次",导演英格玛·伯格曼评论道,"一种与观看者的不知羞耻的,直接的接触建立起来了")——记录为一个令人不安的创新。自那时起,色情摄影就已经用滥了这一程式:如今,在她们最亲

---

[1] 奥古斯特·贝洛克(Auguste Belloc, 1800—1867),法国摄影家。
[2] 又译《不一样的夏天》、《莫妮卡》、《不良少女莫妮卡》。

密的抚摸动作中，色情明星坚毅地直视着摄像机，表明她们对观看者比对她们的搭档更有兴趣。

这样，本雅明在1936写作《爱德华·福克斯，收藏家和历史学家》("Eduard Fuchs: Collector and Historian")时表达的那个原则也就得到了完全的实现。"如果这里什么与性相关的东西出现的话"，他写道，"那么，与其说它是赤裸本身的景象，不如说是这样的一个观念，即一具赤裸的身体正被展示在摄像机面前。"[1] 在此一年前，本雅明就已经创造出展示价值（"valore di espozione"，*Ausstellungswert*）这个概念了，他用它来归纳艺术品在技术复制年代所经历的转变的特征。没有比这更好的，对在完全实现的资本主义时期，物甚至人的身体的新境况的特征的总结了。

---

1 瓦尔特·本雅明：《爱德华·福克斯，收藏家和历史学家》，载《选集，卷三，1935—1938》(*Selected Writings, Volume 3, 1935-1938*, ed. Howard Eiland and Michael W. Jennings, trans. Edmond Jephcott, Cambridge, MA: Belknap Press, 2002), p. 300, n. 71。

展示价值在马克思的使用价值与交换价值的对立中引入了第三项，后者不可还原为前两者。它（展示价值）不是使用价值，因为被展示的，就其本质而言，被移出了使用的领域；它也不是交换价值，因为它决不能衡量任何劳动力。

但也许只有在人的脸的领域中，这种展示价值的机制才能找到它专有的位置。一个感到自己正在被观看的女人的脸会变得毫无表情（inespressivo），这是一种平常的经验。也就是说，（对）暴露在目光之下的意识，在意识中创造了一个真空并有力地扰乱了通常赋予脸活力的表情进程（processi espressivi）。时尚模特，色情明星和其他职业是展示自己的人所必须学会的，也正是这样一种厚颜无耻的冷漠：她们展示的不过是展示本身（也即，某人自己绝对的媒介性 [medialità]）。通过这样的方式，脸开始有所负荷（carica），直到展示价值的突然爆发。然而，正是通过这种对表达性（espressività）的取消，色情描写才渗透到那些它原本无以立足的地方：人的脸并不知道裸体（这回事），因为它一直就已经是赤裸的了。被展示为某种超越一切具体的表达性的纯粹手段的脸，也就可以为一种新的使用，一种新形式的情色表达所用。

最近，一位把自己的努力假扮为艺术表演的色情明星，把这个程式推向了极端。她使自己在表演或顺从于最下流的动作的动作中被拍摄，但不论怎样这都是为了使她的脸能够在前景中完全地可见。但与模仿肉体的享乐——正如此类作品的常规所规定的那样——相反，她假装和显露的——像时尚模特一样——却是最绝对最完全的冷漠，是最恬淡寡欲的镇静自若。克洛伊·黛·丽舍（Chloë des Lysses）是在对谁表示冷漠？当然，是对她的搭档。但也对他的观看者，后者惊奇地发现，这位明星，尽管她意识到自己暴露在（观看者的）目光之下，却没有（表现出）与他们（观看者）的一丝一毫的合谋。她无表情的脸打破了生活经验和表达领域之间的一切关联；它不再表达任何事物而只是把自身展示为一种没有表达迹象的场所，展示为一种纯粹的手段。

色情摄影的装置试图消除的正是这种渎神的潜能。它捕捉的，是人类通过使情欲行为脱离它们的直接目的而达到的，任由这样的行为虚耗（far girare a vuoto），亵渎它们的能力。然而，这些行为也因此而使自己对一种不同的可能的使用开放，后者与伴侣的快感关系不大，倒不如说它是一种新的，（对）性的集体的使用，色情摄影就在这点上介入，以阻碍亵渎的意图并使亵渎的意图转向。对色情摄影影像的团结一致而又令人绝望的消费因此而取代了对一种新的使用的许诺。

所有权力的装置都是双重的：它们一方面是个体的主体化的行为引起的，另一方面，它们又产生于在某个分隔的领域中对这种行为的捕捉。个体的行为本身通常倒没有值得谴责的东西,不过它确实能表达一种解放的意向;只有在行为——在行为不受环境或强力限制的时候——任由自己为装置所捕捉的时候,这种个体的行为才是应受谴责的。这样,色情明星厚颜无耻的姿态和时尚模特无表情的脸,本身都不应该受到责备。相反,可耻的——既在政治上说,也在道德上说——是色情摄影的装置和时尚表演的装置,这些装置使它们偏离它们可能的使用。

色情摄影的不可亵渎之处——一切不可亵渎的东西——(都)是奠立在(对于)某种本真地亵渎的意图的拘捕和转向的基础上的。出于这个原因,我们永远都必须从装置——从一切装置——中夺下它们捕获的那种使用的可能性。亵渎不可亵渎之物是将来一代人的政治任务。

X 电影史上最美丽的六分钟
（I sei minuti piú belli della storia del cinema）

桑丘·潘沙走进省城电影院。他四处寻找堂吉诃德，发现他就坐在边上，双眼盯着荧幕。影院差不多满了；阳台——就是一个大台阶——上挤满了吵闹的小孩。在几次尝试接近堂吉诃德未果之后，桑丘不情愿地坐到一个低矮的座位里，坐在一个女孩（达西妮亚？）旁边，这个女孩给了他一根棒棒糖。电影开始放映；这是一部古装片：荧幕上，穿着盔甲的骑士骑马奔驰。突然，一个女子出现了；她处在危险之中。这时，堂吉诃德突然站了起来，拔出他的佩剑冲向荧幕，一阵猛刺把布幕切成碎片。荧幕上的女子和骑士依然可见,但被堂吉诃德利剑划开的黑色伤痕变得越来越大,无法和解地吞噬着影像。最后,荧幕上什么也不剩,人们只能看到支撑荧幕的木质结构。愤怒的观众离开了剧场,但阳台上的孩子们却狂热地继续为堂吉诃德欢呼喝彩。荧幕下,只有坐在地上的那个小女孩用反对的目光盯着他。

我们应该怎样对待我们的想象?爱它,信它,哪怕(爱)到(不惜)毁灭或改造它的地步(这也许就是奥森·威尔斯[1]的电影的意义)。但最终,只有在想象揭露自身的空洞与未完成,显示自己空无材质的时候,我们才真正地为想象的真实付出代价并最终认识到这点:达西妮亚——被我们拯救的达西妮亚——不会爱上我们。

---

[1] 奥森·威尔斯(Orson Welles, 1915—1985),美国电影导演、编剧和演员。